ISO 14001:2026.
GUÍA PRÁCTICA PARA IMPLANTAR LOS CAMBIOS.
HACIA UNA GESTIÓN AMBIENTAL ESTRATÉGICA Y DE ESG

ANA SAMPER

ISO 14001:2026. Guía práctica para implantar los cambios.
Hacia una gestión ambiental estratégica y de ESG

Autora: Ana Samper

Diseño de cubierta: Martín Ángel Rodríguez Molina

Maquetador: Carlos Benita Rodríguez

Editora y correctora: Ligia Boga

Edita:
© FUNDACIÓN CONFEMETAL
Príncipe de Vergara, 74 – 28006 Madrid
Tel.: 917.823.630
editorial@fundacionconfemetal.es
www.fundacionconfemetal.com

ISBN: 978-84-10315-53-2
Depósito legal: M-10809-2026

Si quiere información acerca de nuestras publicaciones, visítenos en:

www.fundacionconfemetal.com

O escríbanos a:

editorial@fundacionconfemetal.es

Síganos en:

 Fundación Confemetal

 @FCONFEMETAL

 Fundación Confemetal

Reservados todos los derechos. No está permitida la reproducción total o parcial de este libro, ni su tratamiento informático, ni su transmisión de ninguna forma o por cualquier medio, ya sea mecánico, electrónico, por fotocopia, por registro u otros métodos, sin el permiso previo y por escrito de los titulares del *copyright*.

Cualquier forma de reproducción, distribución, comunicación pública o transformación de esta obra solo puede ser realizada con la autorización de sus titulares, salvo excepción prevista por la ley. Diríjase a CEDRO (Centro Español de Derechos Reprográficos, www.cedro.org) si necesita fotocopiar o escanear algún fragmento de esta obra.

ÍNDICE

Sobre la autora

Ana Samper Orbe (Bilbao, 1973) es licenciada en Ciencias Químicas por la Universidad del País Vasco (UPV/EHU) y cuenta con más de 25 años de experiencia en el ámbito de los sistemas de gestión, con especialización en calidad, gestión ambiental y seguridad y salud en el trabajo.

Es socia de ADOK Certificación, entidad acreditada por ENAC, donde ejerce como directora técnica. En el desempeño de estas funciones es responsable de la integridad y eficacia del sistema de gestión de la entidad, actúa como interlocutora ante organismos de acreditación y participa en procesos de evaluación externa.

Desarrolla y mantiene el sistema de certificación, definiendo criterios técnicos, metodologías y procedimientos aplicables a las actividades de auditoría y certificación, y garantizando su coherencia, trazabilidad e imparcialidad. Asimismo, coordina las distintas funciones de la entidad, incluido el desarrollo de nuevos esquemas de certificación en colaboración con la dirección y los responsables de producto.

En el ámbito de la competencia técnica, lidera los procesos de cualificación, evaluación y seguimiento del personal auditor y no auditor, con competencia para la toma de decisiones relativas a su capacitación y mantenimiento de competencia. Igualmente, gestiona los comités de imparcialidad, velando por el cumplimiento de los principios de independencia y objetividad exigidos en los procesos de certificación.

Auditora jefe cualificada en normas como ISO 9001, ISO 14001 e ISO 45001, cuenta con amplia experiencia en auditorías de tercera parte en organizaciones de diversos sectores.

A lo largo de su trayectoria ha colaborado con diversas entidades de certificación y ha desarrollado su actividad en los ámbitos de la auditoría, la consultoría y la formación especializada. Su perfil combina una sólida base técnica con un profundo conocimiento aplicado de los estándares internacionales, lo que le permite abordar con rigor el análisis, la interpretación y la adaptación de las organizaciones a los cambios normativos, especialmente en normas como ISO 14001:2026 e ISO 9001:2026.

1.
INTRODUCCIÓN

El presente documento tiene como finalidad analizar los cambios introducidos en la norma ISO 14001:2026 respecto de la versión ISO 14001:2015, con el objetivo de facilitar a la organización la identificación de los impactos sobre su Sistema de Gestión Ambiental (SGA) y planificar adecuadamente la transición.

La revisión de 2026 se enmarca en la evolución natural de las normas de sistemas de gestión y mantiene la estructura de alto nivel (HLS), lo que favorece la integración con otros sistemas, como ISO 9001 e ISO 45001. No obstante, introduce aclaraciones técnicas y refuerzos conceptuales que requieren una revisión sistemática del SGA existente.

Este documento se ha elaborado mediante el análisis directo entre:

UNE-EN ISO 14001:2015
UNE-EN ISO 14001:2026

2.
EVOLUCIÓN DE LA NORMA ISO 14001: DESDE SU ORIGEN HASTA LA ISO 14001:2026

La norma ISO 14001 constituye el principal marco internacional para la implantación de sistemas de gestión ambiental (SGA). Desde su primera publicación, su evolución ha reflejado la creciente integración de la gestión ambiental en la estrategia empresarial, así como la respuesta de las organizaciones a un entorno regulatorio, social y ambiental cada vez más exigente.

La trayectoria de la norma evidencia una transición progresiva desde modelos centrados en el control y el cumplimiento normativo hacia enfoques orientados al desempeño, la gestión del riesgo y la sostenibilidad.

1 ISO 14001:1996. Enfoque inicial de gestión ambiental

La primera edición de la norma ISO 14001, publicada en 1996, estableció los fundamentos del sistema de gestión ambiental basados en el ciclo Planificar-Hacer-Verificar-Actuar (PHVA). El enfoque predominante estaba orientado a:

- La identificación de aspectos e impactos ambientales.
- El cumplimiento de requisitos legales.
- El control operacional de actividades con impacto ambiental.
- La mejora continua del desempeño ambiental.

En esta etapa, el modelo se centraba principalmente en la prevención de la contaminación y en la demostración de conformidad, con un enfoque todavía limitado en términos de integración estratégica.

2 ISO 14001:2004. Consolidación y mejora de la coherencia

La revisión de 2004 mantuvo la estructura y la filosofía de la versión de 1996 e introdujo, principalmente, mejoras de claridad, coherencia y compatibilidad con ISO 9001.

Entre los aspectos reforzados destacan:

- Una mayor precisión en la identificación de aspectos ambientales.
- Una mejora en la evaluación del cumplimiento legal.
- La clarificación de requisitos de control operacional y seguimiento.

Esta versión permitió la maduración de los sistemas de gestión ambiental, favoreciendo su implantación sistemática en múltiples sectores.

3 ISO 14001:2015. Integración estratégica y pensamiento basado en riesgos

La edición de 2015 supuso el cambio más significativo en la evolución de la norma. Se adoptó la estructura de alto nivel (HLS), común a las normas ISO de sistemas de gestión, lo que facilitó la integración con otros estándares.

Los cambios más relevantes fueron:

- La incorporación del análisis del contexto de la organización.
- La identificación y el seguimiento de las partes interesadas.
- La introducción del pensamiento basado en riesgos y oportunidades.
- El refuerzo del liderazgo de la alta dirección.
- La incorporación de la perspectiva de ciclo de vida.
- Una mayor flexibilidad documental.

Esta revisión transformó el SGA en una herramienta de gestión estratégica, alineada con la dirección del negocio y no únicamente con el cumplimiento ambiental.

4 ISO 14001:2026. Revisión técnica y refuerzo del enfoque adaptativo

La ISO 14001:2026 representa una evolución del modelo de 2015, ya que mantiene su estructura general, pero plantea una revisión técnica del documento y la incorporación de los requisitos ISO más recientes aplicables a las normas de sistemas de gestión.

El nuevo enfoque responde a un contexto caracterizado por:

- Una mayor presión regulatoria y social.
- El incremento de riesgos asociados al cambio climático.
- La degradación de ecosistemas y la pérdida de biodiversidad.
- La necesidad de organizaciones más resilientes y adaptativas.

En este marco, la norma se orienta a:

- Reforzar la capacidad de las organizaciones para responder a condiciones ambientales cambiantes.
- Mejorar la integración del SGA en los procesos estratégicos.
- Clarificar requisitos clave para facilitar su aplicación efectiva.
- Formalizar la planificación y el control de cambios del sistema.

Un elemento especialmente relevante es la incorporación explícita del apartado 6.3, «Planificación de los cambios», que introduce un tratamiento estructurado de la gestión del cambio dentro del SGA, reforzando la coherencia y la resiliencia del sistema.

3.
PRINCIPALES CAMBIOS INTRODUCIDOS EN LA NORMA ISO 14001:2026

La revisión de la norma ISO 14001 publicada en abril de 2026 no introduce una ruptura estructural respecto de la edición de 2015, sino que constituye una evolución técnica orientada a reforzar la eficacia del sistema de gestión ambiental (SGA), su integración en la estrategia organizativa y su capacidad de respuesta ante condiciones ambientales cambiantes.

El análisis comparativo entre ISO 14001:2015 e ISO 14001:2026 evidencia que la estructura de alto nivel (HLS) se mantiene, lo que facilita la transición para las organizaciones ya certificadas. No obstante, se identifican refuerzos conceptuales, clarificaciones de requisitos y la incorporación de un nuevo apartado específico sobre la planificación de los cambios que pueden requerir ajustes en el sistema.

En términos generales, la revisión de 2026 incrementa la expectativa de que el SGA funcione como un sistema dinámico, integrado y orientado al desempeño ambiental real, más allá del mero cumplimiento formal. El alcance de los cambios se considera moderado, aunque con impactos puntuales relevantes en organizaciones con sistemas poco maduros o excesivamente documentalistas.

3.1. Revisión técnica de la norma

La versión ISO 14001:2026 sustituye a la edición de 2015 tras una revisión técnica del documento e incorporará las actualizaciones más recientes aplicables a las normas de sistemas de gestión basadas en la estructura armonizada de ISO.

Este enfoque no introduce nuevos bloques estructurales, pero sí refuerza:

- La coherencia interna del estándar.
- La claridad de determinados requisitos.
- La alineación con otras normas ISO de gestión.

Implicación técnica

> Las organizaciones deberán verificar la adecuación de su sistema documental y la alineación con la terminología y las expectativas actualizadas, especialmente en sistemas muy ajustados al texto literal de 2015 o con bajo nivel de integración.

3.2. Refuerzo del enfoque hacia condiciones ambientales cambiantes

La versión 2026 enfatiza que las organizaciones operan en un contexto de crecientes presiones ambientales, incluyendo, entre ellas:

- El cambio climático.
- La contaminación y la degradación ambiental.
- El uso ineficiente de los recursos y su disponibilidad.
- La degradación de ecosistemas y la pérdida de biodiversidad.

Este énfasis refuerza la expectativa de que el análisis del contexto (cláusula 4.1) y la identificación de riesgos y oportunidades (cláusula 6.1) adopten un carácter más dinámico, prospectivo y basado en evidencia.

Asimismo, se incrementa la atención sobre la capacidad del SGA para anticipar cambios regulatorios, tecnológicos y ambientales que puedan afectar al desempeño de la organización.

Implicación técnica

> Se espera que el SGA demuestre mayor capacidad de anticipación y adaptación al entorno, evitando enfoques estáticos o meramente descriptivos del contexto ambiental.

3.3. Formalización de la planificación de los cambios

La versión 2026 incorpora explícitamente el apartado 6.3, «Planificación de los cambios», inexistente como cláusula independiente en ISO 14001:2015.

Este requisito introduce la necesidad de planificar de forma estructurada los cambios que puedan afectar al sistema de gestión ambiental, asegurando que se evalúen sus posibles consecuencias antes de su implementación.

Desde el punto de vista técnico, este cambio refuerza la coherencia del sistema y su resiliencia operativa, alineándose con la tendencia ya observada en otras normas ISO recientes.

Implicaciones principales:

- La necesidad de una sistemática formal de gestión del cambio.
- La evaluación previa de los impactos ambientales derivados de los cambios.
- La garantía del mantenimiento de la integridad del SGA.
- Una mayor trazabilidad en las decisiones de modificación de procesos.
- La revisión de controles operacionales y aspectos, cuando proceda.

El impacto potencial de este requisito dependerá del grado de madurez del sistema existente.

3.4. Mayor alineación con el desarrollo sostenible

La introducción de la norma refuerza el papel del sistema de gestión ambiental como herramienta para contribuir al desarrollo sostenible y al equilibrio entre medio ambiente, sociedad y economía.

Aunque este enfoque ya estaba implícito en la versión de 2015, en la revisión 2026 se observa un refuerzo del vínculo entre:

- El desempeño ambiental.
- La estrategia organizativa.
- Las expectativas de las partes interesadas.
- La gestión de la cadena de valor y perspectiva de ciclo de vida.

Este último aspecto incrementa la expectativa de control sobre procesos, productos y servicios proporcionados externamente cuando puedan influir en el desempeño ambiental.

Implicación técnica

Las organizaciones deberán demostrar mayor coherencia entre la política ambiental, los objetivos y la dirección estratégica.

3.5. Clarificación de requisitos clave del sistema

La revisión técnica incluye clarificaciones asociadas a temas considerados críticos para la correcta implementación del SGA.

Estas clarificaciones afectan previsiblemente a:

- La coherencia del análisis del contexto.
- La integración del liderazgo.
- El control operacional basado en riesgos.
- La consideración del ciclo de vida.
- La evaluación del desempeño ambiental basada en datos.

El objetivo es reducir interpretaciones meramente formales y reforzar la evidencia de la eficacia real del sistema.

Cambios clave de ISO 14001:2015 frente a ISO 14001:2026

Aspecto	**ISO 14001:2015**	**ISO 14001:2026**	**Impacto práctico en la organización**
Naturaleza de la revisión	Versión base con HLS.	Revisión técnica del estándar.	Revisión documental del SGA.
Contexto ambiental	Considerado.	Mayor énfasis en un entorno cambiante.	Posible actualización del análisis del contexto.
Presiones ambientales (clima, biodiversidad, recursos)	Implícitas.	Explicitadas en la introducción.	Ampliación de la identificación de riesgos y oportunidades.

Gestión del cambio	Implícita en varios requisitos.	Nueva cláusula 6.3 específica.	Impacto alto: posible nuevo procedimiento.
Integración estratégica	Introducida.	Reforzada.	Mayor implicación de la dirección.
Desarrollo sostenible	Enfoque general.	Refuerzo conceptual.	Revisión de la política y los objetivos.
Claridad de requisitos	Adecuada.	Mayor precisión técnica.	Ajustes menores en la documentación.
Expectativa de desempeño	Enfoque de mejora.	Mayor orientación a la eficacia y al desempeño verificable.	Auditorías más exigentes.

Del análisis realizado se concluye que la transición a la próxima ISO 14001:2026 tendrá, en la mayoría de las organizaciones ya certificadas, un impacto moderado, que se concentrará principalmente en:

- La formalización de la gestión del cambio (impacto alto, aunque puntual).
- El refuerzo del análisis del contexto.
- La demostración de la integración estratégica del SGA.
- La mejora de las evidencias del desempeño ambiental.

Las organizaciones con sistemas maduros y bien integrados previsiblemente requerirán ajustes limitados, mientras que aquellas con enfoques más documentales podrían necesitar adaptaciones más significativas.

4. ANÁLISIS DETALLADO DE LOS CAMBIOS POR CAPÍTULOS

En los apartados siguientes se realizará un análisis detallado de cada capítulo de la norma ISO 14001:2026, comparándolo con los requisitos equivalentes de la ISO 14001:2015.

En cada apartado se incluye:

- El capítulo de la norma.
- El requisito de la norma ISO 14001:2015.
- El requisito de la norma ISO 14001:2026.
- La identificación del cambio.
- El análisis técnico del cambio.
- Las implicaciones para la organización.
- El enfoque de auditoría y certificación.

CAPÍTULO 4. CONTEXTO DE LA ORGANIZACIÓN

El capítulo 4 de la norma ISO 14001 constituye el elemento estructural que conecta el sistema de gestión ambiental con la realidad estratégica y operativa de la organización. En la revisión de 2026 se mantiene la arquitectura general del capítulo, pero se observa un refuerzo del carácter dinámico del análisis del contexto y de la necesidad de que este se utilice como entrada efectiva para la planificación y la gestión de riesgos.

La nueva versión enfatiza que las organizaciones operan en un entorno de condiciones ambientales cambiantes y de presiones crecientes sobre el medio ambiente, lo que incrementa la expectativa de que el análisis del contexto no sea un ejercicio meramente documental, sino un proceso vivo y actualizado.

En conjunto, los cambios del capítulo 4 no introducen nuevos requisitos formales, pero sí elevan el nivel de exigencia respecto de la evidencia de integración real del contexto en el sistema de gestión ambiental.

4.1. Comprensión de la organización y de su contexto

Requisito de la norma ISO 14001:2015:

> La organización debe determinar las cuestiones externas e internas que son pertinentes para su propósito y que afectan a su capacidad para lograr los resultados previstos de su sistema de gestión ambiental.

Requisito de la norma ISO 14001:2026:

> Se mantiene el requisito de determinar y comprender el contexto, reforzando la necesidad de considerar condiciones ambientales cambiantes y presiones sobre el entorno.

1 Identificación del cambio

No se introducen cambios estructurales en el requisito, pero se refuerza su alcance y su carácter dinámico.

2 Análisis técnico del cambio

En la versión de 2015, el análisis del contexto se interpretó en muchas organizaciones como un ejercicio inicial estático. La revisión de 2026 enfatiza que el entorno ambiental evoluciona constantemente y que las organizaciones deben ser capaces de anticipar y responder a dichas variaciones.

El refuerzo conceptual se apoya en la introducción de la norma, que destaca expresiones como los niveles de contaminación, la disponibilidad de recursos naturales, el cambio climático, la degradación de los ecosistemas y la biodiversidad.

Se introduce el término de salud de los ecosistemas, que se refiere a la condición general o integridad de un ecosistema y a su capacidad para mantener su estructura, función y resiliencia a lo largo del tiempo. Las organizaciones dependen de los ecosistemas, pero sus actividades pueden preservarlos, mejorarlos o degradarlos.

El objetivo no es convertir a la organización en un centro de investigación ambiental, sino garantizar que las decisiones operativas se comprendan dentro de un contexto ecológico real.

Esto implica que el análisis del contexto debe:

- Revisarse periódicamente.
- Estar orientado a los nuevos conceptos.
- Vincularse con riesgos y oportunidades.
- Influir en la planificación del SGA.

3 Implicaciones para la organización

Las organizaciones deberán:

- Revisar la profundidad de su análisis del contexto.
- Demostrar su actualización periódica.
- Evidenciar su conexión con la planificación ambiental.
- Incorporar, cuando sea pertinente, factores como el clima, la biodiversidad o los recursos naturales.

El impacto será mayor en sistemas donde el contexto se haya tratado de forma genérica o poco actualizada.

4 Enfoque de auditoría y certificación

El auditor evaluará especialmente:

- La coherencia entre contexto y riesgos ambientales.
- La evidencia de revisión periódica.
- La alineación con la estrategia.
- La consideración de condiciones ambientales relevantes.

Un análisis estático o meramente formal puede considerarse una debilidad del sistema.

4.2. Comprensión de las necesidades y expectativas de las partes interesadas

Requisito de la norma ISO 14001:2015:

La organización debe determinar las partes interesadas pertinentes y sus necesidades y expectativas que se convierten en requisitos de cumplimiento.

Requisito de la norma ISO 14001:2026:

Se mantiene el requisito, reforzando la necesidad de responder a expectativas crecientes de transparencia, sostenibilidad y responsabilidad ambiental.

1 Identificación del cambio

Refuerzo conceptual sin modificación estructural del requisito.

2 Análisis técnico del cambio

La evolución del contexto ambiental y social incrementa la presión de las partes interesadas sobre el desempeño ambiental de las organizaciones. La versión de 2026 pone mayor énfasis en la capacidad del SGA para responder a estas expectativas cambiantes.

Se observa una transición desde la identificación estática de 2015 hacia el seguimiento activo y la respuesta adaptativa de 2026.

3 Implicaciones para la organización

Será recomendable:

- Revisar el mapa de partes interesadas.
- Analizar las necesidades y expectativas relacionadas con las condiciones ambientales, como los niveles de contaminación, la disponibilidad de recursos naturales, el cambio climático, la biodiversidad o la salud de los ecosistemas.
- Justificar su pertinencia.
- Demostrar el seguimiento de cambios relevantes.
- Vincular las expectativas con riesgos y obligaciones de cumplimiento.

4 Enfoque de auditoría y certificación

El auditor verificará:

- La coherencia entre partes interesadas y contexto.
- La trazabilidad hacia requisitos de cumplimiento.
- La evidencia de seguimiento activo.
- La integración en la planificación del SGA.

4.3. Determinación del alcance del sistema de gestión ambiental

Requisito de la norma ISO 14001:2015:

La organización debe determinar los límites y la aplicabilidad del sistema de gestión ambiental.

Requisito de la norma ISO 14001:2026:

Se mantiene el requisito, reforzando la coherencia entre alcance, contexto y partes interesadas, e incluye la necesidad de considerar, para establecer dicho alcance, la autoridad y la capacidad para ejercer control e influencia a lo largo del ciclo de vida de sus actividades, productos y servicios.

1 Identificación del cambio

Sin cambios estructurales; se refuerza la coherencia del alcance.

2 Análisis técnico del cambio

El alcance del SGA se consolida como un elemento estratégico. La revisión de 2026 enfatiza que debe reflejar de forma realista:

- Las actividades de la organización.
- Los aspectos ambientales significativos.
- Las expectativas pertinentes.

Se reduce la tolerancia a alcances excesivamente genéricos.

3 Implicaciones para la organización

Posibles acciones:

- La revisión del alcance documentado.
- La verificación de su coherencia con las actividades reales.

4 Enfoque de auditoría y certificación

El auditor evaluará:

- La coherencia entre alcance y operaciones.
- La cobertura de aspectos significativos.
- La influencia en el ACV.
- La alineación con el contexto y las partes interesadas.

4.4. Sistema de gestión ambiental

Requisito de la norma ISO 14001:2015:

La organización debe establecer, implementar, mantener y mejorar continuamente el SGA, incluidos los procesos necesarios.

Requisito de la norma ISO 14001:2026:

Se mantiene el requisito, con mayor énfasis en la eficacia del sistema y su capacidad de adaptación.

1 Identificación del cambio

Refuerzo del enfoque en la eficacia y la adaptabilidad del sistema.

2 Análisis técnico del cambio

La revisión de 2026 consolida la expectativa de que el SGA funcione como un sistema dinámico e integrado. Se incrementa la atención sobre:

- La interacción real entre procesos.
- La capacidad de respuesta ante cambios.
- La evidencia de mejora efectiva.

Este enfoque se conecta directamente con la nueva cláusula 6.3, relativa a la planificación de cambios.

3 Implicaciones para la organización

Será necesario asegurar:

- La existencia de indicadores de proceso robustos.
- La gestión de interacciones.
- La evidencia de mejora continua real.
- La coherencia con la gestión del cambio.

4 Enfoque de auditoría y certificación

El auditor buscará evidencias de:

- Funcionamiento real del sistema.
- Integración con los procesos de negocio.
- Mejora demostrable.
- Capacidad de adaptación.

CAPÍTULO 5. LIDERAZGO

El capítulo 5 de la norma ISO 14001 refuerza el papel de la alta dirección como elemento clave para la eficacia del sistema de gestión ambiental (SGA). En la revisión de 2026 se mantiene la estructura general del capítulo, pero se observa un incremento en la expectativa de implicación real, visible y demostrable del liderazgo.

La nueva versión enfatiza que el éxito del sistema depende del compromiso de todos los niveles de la organización, liderados por la alta dirección, y de la integración de la gestión ambiental en los procesos de negocio y en la toma de decisiones estratégicas.

En conjunto, los cambios del capítulo 5 no introducen nuevos requisitos formales, pero sí elevan el nivel de exigencia respecto de la evidencia objetiva del liderazgo y la gobernanza ambiental.

5.1. Liderazgo y compromiso

Requisito de la norma ISO 14001:2015:

> La alta dirección debe demostrar liderazgo y compromiso con respecto al sistema de gestión ambiental, asegurando su integración en los procesos de negocio y promoviendo la mejora continua.

Requisito de la norma ISO 14001:2026:

Se mantiene el requisito, reforzando la integración del SGA en la dirección estratégica, los procesos de negocio y la toma de decisiones de la organización.

1 Identificación del cambio

Refuerzo del enfoque hacia un liderazgo activo y la gobernanza ambiental, sin cambios estructurales del requisito.

2 Análisis técnico del cambio

En la versión de 2015 ya se establecía la responsabilidad directa de la alta dirección. No obstante, la experiencia de auditoría ha mostrado interpretaciones formalistas del requisito.

La revisión de 2026 refuerza que el liderazgo debe ser:

- Visible.
- Coherente con la estrategia.
- Basado en la toma de decisiones.
- Respaldado por una asignación real de recursos.

El énfasis en la integración del SGA en los procesos de negocio incrementa la expectativa de madurez del sistema.

3 Implicaciones para la organización

Las organizaciones deberán asegurar evidencia objetiva de:

- La participación de la alta dirección.
- La integración del SGA en la planificación estratégica.
- El seguimiento de los objetivos ambientales.
- La asignación adecuada de recursos.
- La alineación entre el discurso y la práctica.

El impacto será mayor en organizaciones donde el SGA esté excesivamente delegado en el responsable ambiental.

4 Enfoque de auditoría y certificación

El auditor evaluará especialmente:

- La participación real de la dirección en revisiones.
- La coherencia entre la estrategia y los objetivos ambientales.
- Las evidencias de toma de decisiones basada en el desempeño ambiental.
- La disponibilidad de recursos.

La falta de implicación visible puede considerarse una debilidad relevante.

5.2. Política ambiental

Requisito de la norma ISO 14001:2015:

La alta dirección debe establecer, implementar y mantener una política ambiental apropiada al propósito y contexto de la organización.

Requisito de la norma ISO 14001:2026:

Se mantiene el requisito, reforzando la coherencia de la política con la dirección estratégica y el compromiso con la protección del medio ambiente y el desarrollo sostenible.

1 Identificación del cambio

Refuerzo conceptual del papel estratégico de la política ambiental.

2 Análisis técnico del cambio

La política ambiental se consolida como un documento de alto nivel alineado con:

- El contexto organizacional.
- Las expectativas de las partes interesadas.
- La estrategia empresarial.
- El compromiso con la sostenibilidad.

La revisión de 2026 incrementa la expectativa de que la política no sea un documento genérico, sino un elemento vivo que oriente decisiones y objetivos.

3 Implicaciones para la organización

Se recomienda verificar:

- La alineación con la estrategia.
- La actualización frente a nuevas presiones ambientales.
- La coherencia con los objetivos ambientales.
- La comunicación efectiva.

El impacto suele ser bajo en sistemas maduros, pero medio en las políticas genéricas.

4 Enfoque de auditoría y certificación

El auditor verificará:

- La adecuación al contexto.
- La coherencia con los objetivos.
- La evidencia de comunicación.
- La integración en la cultura organizativa.

5.3. Roles, responsabilidades y autoridades

Requisito de la norma ISO 14001:2015:

> La alta dirección debe asegurar que las responsabilidades y autoridades para los roles pertinentes se asignan y comunican.

Requisito de la norma ISO 14001:2026:

> Se mantiene el requisito con mayor énfasis en la claridad organizativa y en la integración del SGA en la estructura real de la organización.

1 Identificación del cambio

Clarificación del requisito y refuerzo de la coherencia organizativa.

2 Análisis técnico del cambio

La tendencia de las normas ISO recientes es reducir la dependencia de figuras formales aisladas y promover una responsabilidad distribuida, pero coordinada.

La revisión de 2026 refuerza que:

- Las responsabilidades deben ser operativas.
- Deben estar integradas en la estructura real.
- Deben permitir la toma de decisiones efectiva.

3 Implicaciones para la organización

Será recomendable revisar:

- Las matrices de responsabilidades.
- Las descripciones de puesto.
- La coherencia con la estructura real.
- Los mecanismos de comunicación interna.

El impacto será normalmente bajo, salvo en organizaciones muy jerarquizadas o con roles poco definidos.

4 Enfoque de auditoría y certificación

El auditor evaluará:

- La claridad de las responsabilidades.
- La comprensión por parte del personal.
- La coherencia con la operativa real.
- La eficacia en la toma de decisiones.

CAPÍTULO 6. PLANIFICACIÓN

El capítulo 6 de la norma ISO 14001 constituye el núcleo preventivo del sistema de gestión ambiental, al establecer los requisitos para identificar y tratar riesgos y oportunidades, aspectos ambientales, obligaciones de cumplimiento y objetivos ambientales.

En la revisión de 2026 se mantiene la estructura general del capítulo, pero se introduce el cambio más significativo de la norma: la incorporación explícita del apartado 6.3 «Planificación de los cambios», que formaliza la gestión del cambio dentro del SGA.

Adicionalmente, se refuerza el carácter dinámico del análisis de riesgos y la necesidad de que la planificación esté alineada con las condiciones ambientales cambiantes.

En conjunto, este capítulo presenta el mayor impacto potencial para las organizaciones ya certificadas.

6.1.1. Generalidades

Requisito de la norma ISO 14001:2015:

> La organización debe determinar los riesgos y oportunidades relacionados con sus aspectos ambientales, obligaciones de cumplimiento y contexto.

Requisito de la norma ISO 14001:2026:

> Este requisito pasa a ser una cláusula de generalidades con menor contenido, porque se crea una específica para riesgos y oportunidades (6.1.4.), a la que se remite este contenido. Su análisis se desarrolla en ese apartado.

Se reduce la aceptación de análisis genéricos o estáticos.

6.1.2. Aspectos ambientales

Requisito de la norma ISO 14001:2015:

> La organización debe determinar los aspectos ambientales de sus actividades, productos y servicios considerando la perspectiva de ciclo de vida.

Requisito de la norma ISO 14001:2026:

> Se mantiene el requisito, reforzando la necesidad de considerar los cambios en las condiciones ambientales y su influencia sobre los aspectos. Además, el anexo amplía el detalle de las situaciones de emergencia y la evaluación de los aspectos asociados.

1 Identificación del cambio

Refuerzo del carácter dinámico de la evaluación de aspectos.

2 Análisis técnico del cambio

La revisión de 2026 sugiere que la identificación de aspectos debe revisarse cuando existan:

- Cambios operativos.
- Cambios en el contexto.
- Cambios ambientales relevantes.

Se incrementa la expectativa de revisión periódica efectiva.

Respecto a las condiciones de emergencia, en el anexo se hace referencia a que la organización debe considerar:

- La naturaleza de los peligros en el lugar (líquidos inflamables, depósitos, gases comprimidos, etc.).
- El tipo y la escala más probables de una situación de emergencia.
- La posibilidad de que se produzcan situaciones de emergencia en una instalación cercana.

3 Implicaciones para la organización

Se recomienda:

- Revisar los criterios de actualización.
- Vincular este análisis con la gestión del cambio (6.3).
- Evidenciar las revisiones.

4 Enfoque de auditoría y certificación

El auditor verificará:

- La actualización de la matriz de aspectos.
- La coherencia con cambios recientes.
- La integración con el análisis de riesgos.

6.1.3. Obligaciones de cumplimiento

Requisito de la norma ISO 14001:2015:

La organización debe determinar y tener acceso a las obligaciones de cumplimiento relacionadas con sus aspectos ambientales.

Requisito de la norma ISO 14001:2026:

Se mantiene el requisito con mayor énfasis en su seguimiento continuo.

1 Identificación del cambio

Clarificación y refuerzo del seguimiento.

2 Análisis técnico del cambio

La tendencia de la revisión de 2026 es reforzar la trazabilidad entre:

- Los requisitos legales.
- La evaluación de cumplimiento.
- La planificación.

3 Implicaciones para la organización

Será necesario verificar:

- La sistemática de actualización legal.
- La trazabilidad hacia los controles operacionales.
- La evidencia de seguimiento.

4 Enfoque de auditoría y certificación

El auditor evaluará:

- La actualización normativa.
- La cobertura de requisitos.
- La coherencia con la evaluación de cumplimiento.

6.1.4. Riesgos y oportunidades

Requisito de la norma ISO 14001:2015:

Integrado dentro de 6.1 (sin subcláusula específica).

Requisito de la norma ISO 14001:2026:

Se estructura de forma más explícita dentro del apartado 6.1.4.

1 Identificación del cambio

Mayor estructuración y claridad.

Durante la etapa de planificación del sistema de gestión ambiental, la organización debe considerar no solo sus aspectos ambientales y obligaciones de cumplimiento, sino también el contexto más amplio en el que opera.

Esto implica reconocer que tanto las cuestiones internas como las externas pueden generar riesgos y oportunidades que influyan en la capacidad de la organización para:

- Lograr los resultados previstos del sistema.
- Prevenir o reducir efectos no deseados.
- Mejorar continuamente su desempeño ambiental.

La organización debe establecer uno o varios procesos para determinar los riesgos y oportunidades derivados de:

- Factores externos, incluidos cambios en las condiciones ambientales que puedan afectar a sus operaciones.
- Factores internos, como modificaciones en la estructura, la estrategia o los procesos.
- Las necesidades y expectativas de las partes interesadas pertinentes.

No todos los riesgos u oportunidades identificados deben necesariamente abordarse. La organización conserva la facultad de decidir cuáles tratar, en función de su capacidad técnica, organizativa y financiera para gestionarlos de manera eficaz.

Los riesgos y oportunidades pueden tener efectos positivos o negativos.

Entre los efectos potencialmente beneficiosos se incluyen, por ejemplo:

- La transición hacia modelos de economía circular y la mejora en la eficiencia de los recursos.
- La adopción de tecnologías más limpias.
- La mejora del compromiso y de la formación del personal en materia ambiental.
- El uso de herramientas digitales para el seguimiento y análisis de datos ambientales.
- El establecimiento de alianzas estratégicas con proveedores, comunidades u organizaciones ambientales.
- La anticipación a nuevas exigencias regulatorias.

Por otro lado, pueden identificarse riesgos con efectos adversos tales como:

- Los impactos del cambio climático sobre instalaciones o activos.
- La escasez de recursos naturales críticos.
- Las interrupciones en la cadena de suministro.
- Las limitaciones económicas que afecten a la eficacia del sistema.
- Los incumplimientos legales con consecuencias reputacionales o jurídicas.
- Los cambios ambientales a largo plazo que afecten a la viabilidad operativa.

La norma otorga flexibilidad respecto al método utilizado para identificar y evaluar riesgos y oportunidades. Este puede variar desde análisis cualitativos simples hasta evaluaciones cuantitativas complejas, dependiendo de:

- El tamaño y la naturaleza de la organización.
- La complejidad de sus procesos.
- La necesidad de demostrar cumplimiento.
- La competencia de las personas que aplican la metodología.

Los riesgos y oportunidades que se determine abordar deben servir como entrada para la planificación de acciones y para el establecimiento de objetivos ambientales.

2 Análisis técnico del cambio

La revisión de 2026 refuerza de manera significativa el enfoque basado en riesgos dentro del sistema de gestión ambiental, ampliando su alcance más allá de los aspectos ambientales significativos y las obligaciones de cumplimiento.

En la versión de 2015, la identificación de riesgos y oportunidades ya estaba integrada en el apartado 6.1, pero su interpretación práctica en muchas organizaciones quedó limitada a una extensión del análisis de aspectos ambientales o a un ejercicio documental poco estructurado. La revisión de 2026 introduce una mayor claridad conceptual, diferenciando con mayor precisión:

- Los riesgos derivados del contexto (interno y externo).
- Los riesgos asociados a las partes interesadas.
- Los riesgos estratégicos que pueden afectar a la capacidad del SGA para alcanzar sus resultados previstos.

El cambio técnico más relevante no es la creación de un nuevo requisito, sino la ampliación explícita de su marco de referencia.

El análisis de riesgos y oportunidades pasa a vincularse de forma más directa con:

Las condiciones ambientales cambiantes (climáticas, ecológicas o de disponibilidad de recursos).

- Los factores socioeconómicos que puedan afectar a la eficacia del sistema.
- La estabilidad de la cadena de suministro.
- Los cambios regulatorios emergentes.
- Las expectativas crecientes en materia de sostenibilidad.

Esto transforma el enfoque desde un análisis predominantemente operativo hacia uno más estratégico y prospectivo.

Por otro lado, el requisito refuerza la interrelación entre:

- El capítulo 4 (contexto).
- El capítulo 6 (planificación).
- El capítulo 8 (operación).
- El capítulo 9 (evaluación del desempeño).

Se incrementa la expectativa de coherencia vertical del sistema. El análisis de riesgos ya no puede desarrollarse de forma aislada, sino que debe estar alineado con:

- El análisis del contexto.
- La planificación de objetivos.
- La revisión por la dirección.

Desde una perspectiva de auditoría, esta integración será un punto crítico de evaluación.

La norma mantiene flexibilidad metodológica, permitiendo:

- Enfoques cualitativos simples.
- Matrices de riesgos.
- Metodologías cuantitativas avanzadas.

Sin embargo, la flexibilidad no reduce la exigencia. Se incrementa la expectativa de que la metodología seleccionada sea:

- Coherente con la complejidad organizativa.
- Proporcional al nivel de riesgo ambiental.
- Aplicada de forma sistemática y consistente.

Los análisis genéricos o no trazables perderán aceptación en auditorías de transición.

La revisión de 2026 introduce con mayor claridad la consideración de oportunidades con efectos beneficiosos, no solo la mitigación de riesgos.

Esto implica que el SGA puede convertirse en un instrumento de:

- Mejora competitiva.
- Innovación tecnológica.
- Eficiencia de recursos.
- Fortalecimiento reputacional.
- Adaptación climática.

Desde el punto de vista técnico, este cambio aproxima el SGA a un modelo más estratégico y menos reactivo.

3 Implicaciones para la organización

Las implicaciones serán generalmente limitadas si ya existe una metodología de riesgos. En términos generales, el cambio no introduce una carga administrativa significativa, pero sí eleva el nivel de madurez esperado del sistema de gestión ambiental.

4 Enfoque de auditoría y certificación

Se verificará la coherencia metodológica y se incrementará la atención sobre:

- La coherencia entre riesgos identificados y acciones planificadas.
- La vinculación con objetivos ambientales.
- La consideración de riesgos emergentes (climáticos, regulatorios o relativos a la cadena de suministro).

(continuación...)

- La revisión del análisis ante cambios relevantes (vínculo con 6.3).
- La integración del análisis en la revisión por la dirección.

No se espera necesariamente un aumento documental, pero sí un aumento en la profundidad del análisis y en la evidencia de su uso real en la gestión.

6.1.5. Planificación de acciones

Requisito de la norma ISO 14001:2015:

La organización debe planificar acciones para abordar sus aspectos ambientales significativos, obligaciones de cumplimiento y riesgos y oportunidades, así como integrar e implementar estas acciones en los procesos del sistema de gestión ambiental (antes, 6.1.4.).

Requisito de la norma ISO 14001:2026:

Se mantiene el requisito, reforzando la necesidad de que las acciones planificadas estén claramente integradas en los procesos operativos y alineadas con la gestión de riesgos y con las condiciones ambientales cambiantes.

1 Identificación del cambio

La versión de 2026 introduce una mayor clarificación respecto de:

1. La posibilidad de priorizar las acciones derivadas de riesgos y oportunidades, sin obligación de abordarlas todas de forma inmediata.

2. La integración transversal de dichas acciones dentro de los procesos del sistema de gestión ambiental y en los procesos de negocio.

3. La necesidad de incorporar requisitos ambientales en procesos estratégicos como diseño, compras, recursos humanos y comercialización.

4. La integración del análisis de condiciones ambientales con otros procesos del sistema, especialmente con los relativos a aspectos ambientales y riesgos.

No se trata de un nuevo requisito independiente, sino de una ampliación y clarificación del enfoque de integración del SGA en la gestión organizativa.

2 Análisis técnico del cambio

La norma clarifica expresamente que la organización no está obligada a actuar simultáneamente sobre todos los riesgos y oportunidades identificados.

Este matiz técnico es relevante porque:

- Refuerza el principio de proporcionalidad.
- Evita interpretaciones excesivamente rígidas.
- Permite una planificación basada en prioridades estratégicas.
- Alinea el SGA con la lógica de gestión empresarial real.

El tratamiento de riesgos y oportunidades pasa a entenderse como un proceso dinámico y escalonado, vinculado a:

- Las necesidades del negocio.
- La disponibilidad de recursos.
- Los objetivos ambientales definidos.

Esto aporta realismo operativo y coherencia con el enfoque basado en riesgos.

La versión de 2026 refuerza que las acciones planificadas no deben gestionarse de forma aislada, sino incorporarse a los procesos del sistema de gestión ambiental, tales como:

- El establecimiento de objetivos ambientales.
- La asignación de recursos.
- La definición de competencias.
- La sensibilización.
- La comunicación.
- El control documental.
- La planificación operacional.
- La preparación ante emergencias.
- El seguimiento y la medición.

Este enfoque eleva la expectativa de integración sistémica. Las acciones derivadas de riesgos dejan de ser listados independientes y pasan a formar parte estructural del funcionamiento del SGA.

Desde el punto de vista técnico, esto fortalece la coherencia horizontal del sistema.

Uno de los elementos más relevantes del texto es la referencia explícita a la incorporación de requisitos ambientales en procesos empresariales clave, como:

- Diseño y desarrollo.
- Contratación y compras.
- Recursos humanos.
- Ventas y marketing.
- Gestión del fin de vida o disposición final.

Este enfoque refuerza la integración vertical del SGA en la organización y reduce el riesgo de que el sistema funcione como una estructura paralela desconectada del negocio.

Técnicamente, este cambio:

- Amplía la influencia del SGA sobre la cadena de valor.
- Fortalece la perspectiva de ciclo de vida.
- Incrementa la responsabilidad ambiental en procesos estratégicos.
- Refuerza la coherencia entre planificación y operación.

Se consolida así el paso de un modelo reactivo a uno preventivo y estratégico.

La norma también aclara que la determinación de las condiciones ambientales y de otros factores que generen riesgos y oportunidades puede integrarse con:

- La identificación de aspectos ambientales (6.1.2).
- El análisis general de riesgos y oportunidades (6.1.4).
- Otros procesos del sistema.

Este enfoque evita duplicidades metodológicas y favorece sistemas integrados y simplificados.

Desde una perspectiva de madurez organizativa, se espera que:

- El análisis no esté fragmentado.
- Exista coherencia metodológica.
- Se minimice la burocracia innecesaria.

3 Implicaciones para la organización

Las organizaciones deberán verificar que:

- Existe un criterio claro de priorización de riesgos y oportunidades.
- Las acciones planificadas están integradas en procesos reales.
- El SGA no opera de forma paralela al negocio.
- Los procesos clave (compras, diseño, RR. HH. y comercial) incorporan requisitos ambientales cuando proceda.
- Existe coherencia entre planificación, operación y evaluación del desempeño.
- La integración con aspectos ambientales evita duplicidades.

El impacto será mayor en organizaciones donde:

- El análisis de riesgos sea independiente de la operativa.
- Las acciones estén documentadas, pero no integradas.
- El SGA funcione como una estructura aislada.

4 Enfoque de auditoría y certificación

El auditor evaluará especialmente:

- La existencia de criterios de priorización.
- La coherencia entre riesgos identificados y acciones implantadas.
- La integración real en procesos empresariales.
- La evidencia de incorporación en diseño, compras u otros procesos cuando proceda.
- La ausencia de acciones meramente declarativas.
- La coherencia metodológica entre riesgos, aspectos y contexto.

El auditor buscará trazabilidad entre el riesgo identificado, la acción definida, el proceso integrado, el seguimiento y el resultado.

Las acciones genéricas, no trazables o no implantadas operativamente pueden considerarse una debilidad del sistema.

6.2. Objetivos ambientales y planificación para lograrlos

Requisito de la norma ISO 14001:2015:

La organización debe establecer objetivos ambientales en las funciones y niveles pertinentes, teniendo en cuenta los aspectos ambientales significativos, las obligaciones de cumplimiento y los riesgos y oportunidades, y debe planificar cómo lograrlos.

Requisito de la norma ISO 14001:2026:

> Se mantiene el requisito, reforzando la necesidad de que los objetivos estén alineados con la dirección estratégica, el desempeño ambiental y las condiciones ambientales cambiantes.

1 Identificación del cambio

Refuerzo conceptual del vínculo entre objetivos ambientales, estrategia y desempeño.

2 Análisis técnico del cambio

La versión de 2015 ya exigía que los objetivos fueran coherentes con la política ambiental y medibles cuando fuese posible. No obstante, la experiencia de implantación ha mostrado en algunos casos objetivos poco estratégicos o débilmente conectados con el desempeño real.

La revisión de 2026 incrementa la expectativa de que los objetivos:

- Estén claramente vinculados al contexto.
- Reflejen prioridades ambientales reales.
- Dispongan de indicadores de seguimiento robustos.
- Se integren en la planificación operativa y estratégica.

Se refuerza así la transición desde objetivos meramente declarativos hacia objetivos orientados al desempeño y a la mejora efectiva.

3 Implicaciones para la organización

Las organizaciones deberán revisar:

- La coherencia entre objetivos y aspectos significativos.
- La alineación con la estrategia organizativa.
- La definición de indicadores y metas.
- La planificación de acciones asociadas.
- El seguimiento periódico basado en datos.

El impacto será mayor en organizaciones con objetivos genéricos o poco medibles.

4 Enfoque de auditoría y certificación

El auditor evaluará:

- La trazabilidad entre la política, los riesgos y los objetivos.
- La calidad de los indicadores.
- La evidencia de seguimiento.
- El grado de cumplimiento y las acciones derivadas.
- La integración en la revisión por la dirección.

Los objetivos poco medibles o desconectados del desempeño pueden generar observaciones.

6.3. Planificación de los cambios

Requisito de la norma ISO 14001:2015:

> La versión de 2015 no incluía una cláusula específica equivalente sobre planificación de los cambios.

Requisito de la norma ISO 14001:2026:

> La organización debe planificar los cambios en el sistema de gestión ambiental de manera estructurada para asegurar la integridad del sistema y el logro de los resultados previstos.

1 Identificación del cambio

Nuevo requisito explícito en la norma.

2 Análisis técnico del cambio

La incorporación del apartado 6.3 constituye el cambio más relevante de la revisión de 2026. Mientras que en la versión de 2015 la gestión del cambio estaba implícita en diversos requisitos, la nueva norma exige un enfoque estructurado y planificado.

El término cambio incluye, entre otros:

- Modificaciones tecnológicas.
- Ampliaciones productivas.
- Nuevos materiales.
- Externalización de procesos.
- Cambios organizativos.
- Rediseño de productos.

El requisito exige evaluar las consecuencias ambientales antes de implementar dichos cambios.

El requisito implica que, antes de implementar cambios que puedan afectar al SGA, la organización debe considerar, entre otros aspectos:

- El propósito de los cambios.
- Las consecuencias potenciales.
- La integridad del sistema de gestión ambiental y la evaluación de impactos ambientales potenciales.
- La disponibilidad de recursos.
- La asignación de responsabilidades y autoridades.
- La determinación de controles necesarios.
- La actualización de la información documentada.
- La verificación posterior a la implantación del cambio.

Este enfoque refuerza la resiliencia del sistema y su capacidad para adaptarse sin perder eficacia.

Asimismo, el requisito se conecta directamente con:

- La revisión del contexto.
- La evaluación de riesgos.
- La planificación operativa.

3 Implicaciones para la organización

La mayoría de las organizaciones deberán realizar alguna de las siguientes acciones:

- Desarrollar o actualizar un procedimiento de gestión del cambio.
- Definir criterios para identificar cambios relevantes.
- Integrar la evaluación ambiental en cambios operativos.
- Generar registros de planificación de cambios.
- Formar a los responsables de proceso.
- Vincular este proceso con la revisión de aspectos ambientales.

La gestión ambiental deja de ser reactiva para integrarse en procesos de ingeniería, compras y planificación estratégica.

Esto obliga a una colaboración transversal entre departamentos, elevando la madurez del sistema.

4 Enfoque de auditoría y certificación

El auditor evaluará especialmente:

- La existencia de una metodología formal de gestión del cambio.
- La evidencia de aplicación en cambios recientes.
- La evaluación previa de impactos ambientales.
- La coherencia con riesgos y aspectos.
- El mantenimiento de la integridad del SGA tras los cambios.

La ausencia de una sistemática o su aplicación meramente formal puede derivar en una no conformidad.

CAPÍTULO 7. APOYO

El capítulo 7 de la norma ISO 14001 establece los requisitos necesarios para asegurar que la organización dispone de los recursos, las competencias, el grado de toma de conciencia, los mecanismos de comunicación y el control de la información documentada necesarios para el funcionamiento eficaz del sistema de gestión ambiental (SGA).

En la revisión de 2026 se mantiene la estructura general del capítulo, sin introducir nuevos requisitos formales. No obstante, se observa un refuerzo del enfoque hacia la eficacia del soporte al sistema, la fiabilidad de la información y la coherencia con la creciente digitalización de los procesos organizativos.

El énfasis de la nueva versión se orienta a garantizar que los elementos de apoyo no se gestionen de forma meramente administrativa, sino como facilitadores reales del desempeño ambiental.

7.1. Recursos

Requisito de la norma ISO 14001:2015:

> La organización debe determinar y proporcionar los recursos necesarios para el establecimiento, implementación, mantenimiento y mejora continua del SGA.

Requisito de la norma ISO 14001:2026:

Se mantiene el requisito, reforzando la expectativa de que los recursos sean adecuados para responder a condiciones ambientales cambiantes y a los objetivos del sistema.

1 Identificación del cambio

Refuerzo del enfoque hacia la suficiencia y la adecuación real de los recursos.

2 Análisis técnico del cambio

La versión de 2015 ya exigía la provisión de recursos, pero la revisión de 2026 incrementa la expectativa de que la organización demuestre que dichos recursos son:

- Adecuados al nivel de riesgo ambiental.
- Coherentes con los objetivos ambientales.
- Suficientes para garantizar la eficacia del sistema.
- Revisados cuando cambian las condiciones.

Este refuerzo se alinea con la mayor exigencia de liderazgo y planificación introducida en capítulos anteriores.

Cabe destacar que en la definición de los recursos, se incluyen los tecnológicos, como, por ejemplo, controles de contaminación diseñados, bases de datos y software.

3 Implicaciones para la organización

Será recomendable verificar:

- La coherencia entre recursos y objetivos.
- La disponibilidad de recursos para nuevos requisitos (especialmente el apartado 6.3).
- La revisión periódica en la revisión por la dirección.
- La evidencia de asignación presupuestaria, cuando aplique.

El impacto será mayor en organizaciones con recursos ambientales muy ajustados o poco justificados.

4 Enfoque de auditoría y certificación

El auditor evaluará:

- La adecuación de recursos humanos y técnicos.
- La coherencia con el nivel de riesgo.
- Las evidencias de asignación por la dirección.
- La suficiencia para cumplir los objetivos ambientales.

7.2. Competencia

Requisito de la norma ISO 14001:2015:

> La organización debe determinar la competencia necesaria de las personas que realizan trabajos bajo su control que afecten al desempeño ambiental y asegurar que sean competentes.

Requisito de la norma ISO 14001:2026:

> Se mantiene el requisito, con mayor énfasis en la capacidad del personal para responder a cambios del sistema y a nuevas exigencias ambientales.

1 Identificación del cambio

Refuerzo del enfoque hacia competencias efectivas y actualizadas.

2 Análisis técnico del cambio

La revisión de 2026 refuerza la expectativa de que la competencia no se limite a la formación inicial, sino que contemple:

- La actualización continua.
- La adaptación a cambios del sistema.
- Las nuevas exigencias ambientales.
- La incorporación de la gestión del cambio (6.3).

Se incrementa la atención sobre la eficacia real de la competencia frente a la mera existencia de registros formativos.

3 Implicaciones para la organización

Las organizaciones deberían revisar:

- Las matrices de competencia.
- Los planes de formación ambiental.
- La capacitación en gestión del cambio.
- La evaluación de la eficacia formativa.
- Las competencias del personal clave.

4 Enfoque de auditoría y certificación

El auditor verificará:

- La identificación de competencias críticas.
- La evidencia de formación adecuada.
- La evaluación de la eficacia.
- La adecuación frente a cambios recientes.

7.3. Toma de conciencia

Requisito de la norma ISO 14001:2015:

> La organización debe asegurar que las personas que trabajan bajo su control sean conscientes de la política ambiental, los aspectos significativos y su contribución al SGA.

Requisito de la norma ISO 14001:2026:

> Se mantiene el requisito, reforzando la expectativa de una toma de conciencia efectiva y alineada con los objetivos ambientales.

1 Identificación del cambio

Refuerzo del enfoque hacia una toma de conciencia real y verificable.

El anexo de la norma matiza que se puede mejorar la conciencia a través de diferentes enfoques, como, por ejemplo, la participación de los empleados, las comunicaciones, la capacitación y las políticas internas, como un código de conducta.

2 Análisis técnico del cambio

La revisión de 2026 continúa la tendencia de las normas ISO a evaluar la eficacia real de la concienciación del personal, no solo su comunicación formal.

Se espera que la organización pueda demostrar que el personal:

- Comprende su papel ambiental.
- Conoce los impactos relevantes.
- Actúa de forma coherente.
- Responde adecuadamente ante cambios.

3 Implicaciones para la organización

Será recomendable verificar:

- Las campañas de sensibilización.
- Las evidencias de comprensión.
- La integración en mandos intermedios.
- La coherencia con los riesgos ambientales.

4 Enfoque de auditoría y certificación

El auditor podrá:

- Entrevistar al personal.
- Verificar la comprensión real.
- Revisar las evidencias de sensibilización.
- Evaluar la coherencia con la operativa.

7.4. Comunicación

Requisito de la norma ISO 14001:2015:

La organización debe establecer procesos para la comunicación interna y externa pertinente al SGA.

Requisito de la norma ISO 14001:2026:

Se mantiene el requisito, con mayor énfasis en la fiabilidad, la coherencia y la trazabilidad de la información comunicada.

1 Identificación del cambio

Refuerzo del enfoque hacia comunicaciones fiables y coherentes.

2 Análisis técnico del cambio

La revisión de 2026 se alinea con las crecientes expectativas de transparencia ambiental, reforzando que la comunicación debe ser coherente, verificable, oportuna y alineada con el desempeño real.

3 Implicaciones para la organización

Será recomendable verificar:

- La matriz de comunicaciones.
- La coherencia entre los datos y las comunicaciones externas.
- El control de los mensajes ambientales.
- La gestión de las comunicaciones regulatorias.

4 Enfoque de auditoría y certificación

El auditor evaluará:

- La existencia de procesos definidos.
- La coherencia de la información.
- La trazabilidad.
- El control de las comunicaciones externas.

7.5. Información documentada

Requisito de la norma ISO 14001:2015:

> La organización debe controlar la información documentada requerida por el SGA.

Requisito de la norma ISO 14001:2026:

Se mantiene el requisito, reforzando la integridad, la disponibilidad y el control de la información en entornos cada vez más digitalizados.

1 Identificación del cambio

Refuerzo del control y de la integridad de la información.

2 Análisis técnico del cambio

La revisión de 2026 continúa la línea de flexibilidad documental iniciada en 2015, pero incrementa la expectativa de control efectivo de la información, especialmente en entornos digitales.

Se refuerza la necesidad de garantizar:

- La integridad de los datos.
- La disponibilidad cuando se requiera.
- La protección frente al uso indebido.
- La trazabilidad de los cambios.

3 Implicaciones para la organización

Será necesario revisar:

- El control documental digital.
- La gestión de versiones.
- El control de accesos.
- Las copias de seguridad.
- La integridad de registros ambientales.

4 Enfoque de auditoría y certificación

El auditor evaluará:

- El control efectivo de la documentación.
- La trazabilidad de los registros.
- La gestión en sistemas digitales.
- La protección de la información.

CAPÍTULO 8. OPERACIÓN

El capítulo 8 de la norma ISO 14001 establece los requisitos para la planificación y el control operacional necesarios para asegurar que la organización gestiona de forma eficaz sus aspectos ambientales significativos y responde adecuadamente ante situaciones de emergencia.

En la revisión de 2026 se mantiene la estructura general del capítulo, pero se observa un refuerzo del enfoque basado en riesgos, de la integración con la planificación del sistema y de la capacidad de respuesta ante condiciones ambientales cambiantes.

Asimismo, el nuevo requisito 6.3, «Planificación de los cambios», incrementa la interrelación entre la planificación y la operación, elevando la expectativa de que los controles operacionales se revisen cuando se produzcan cambios relevantes.

En términos generales, el impacto del capítulo 8 se considera medio, con mayor atención a la evidencia de un control operacional efectivo.

8.1. Planificación y control operacional

Requisito de la norma ISO 14001:2015:

> La organización debe establecer, implementar, controlar y mantener los procesos necesarios para cumplir los requisitos del SGA, incluyendo controles operacionales y la consideración de la perspectiva del ciclo de vida.

Requisito de la norma ISO 14001:2026:

Se mantiene el requisito, reforzando la necesidad de que el control operacional sea dinámico, basado en riesgos y coherente con los cambios del sistema y del contexto.

1 Identificación del cambio

Refuerzo del enfoque hacia un control operacional eficaz y adaptativo.

2 Análisis técnico del cambio

En la versión de 2015 ya se exigía el control operacional de los aspectos ambientales significativos. Sin embargo, la revisión de 2026 incrementa la expectativa de que dichos controles:

- Estén claramente vinculados a riesgos y oportunidades.
- Se revisen cuando cambien las condiciones.
- Estén integrados en los procesos reales.
- Demuestren eficacia operativa.

El énfasis en las condiciones ambientales cambiantes y en la resiliencia del sistema implica que los controles no deben permanecer estáticos.

Además, la conexión con la nueva cláusula 6.3 implica que los cambios operativos deben desencadenar la revisión de los controles ambientales.

Uno de los cambios más relevantes de este punto es la conexión directa entre la perspectiva del ciclo de vida y los procesos de adquisición de productos y servicios. La organización debe demostrar que los criterios ambientales influyen en la selección de proveedores y materiales cuando estos representan impactos significativos.

Esto implica introducir consideraciones ambientales en las especificaciones técnicas, las evaluaciones de proveedores y las decisiones de contratación.

Por otro lado, en el anexo de la norma se incluyen algunos ejemplos sobre procesos, productos y servicios proporcionados externamente:

- Especificar requisitos en los documentos de compra.
- Evaluar las calificaciones y el historial de desempeño del proveedor externo.
- Proporcionar sesiones informativas o formación previa al trabajo.
- Exigir la presentación de documentación.
- Realizar supervisión o auditorías al proveedor externo.

3 Implicaciones para la organización

Las organizaciones deberán verificar que:

- Los controles operacionales están actualizados.
- Existe trazabilidad con los aspectos significativos.
- Se revisan tras cambios operativos.
- Están integrados en procedimientos reales.
- Se controla la perspectiva del ciclo de vida cuando aplique.
- Existen criterios operacionales definidos.
- Existe control sobre proveedores externos.

El impacto será mayor en sistemas donde los controles estén poco vinculados al análisis de riesgos.

4 Enfoque de auditoría y certificación

El auditor evaluará especialmente:

- La coherencia entre aspectos significativos y controles.
- La evidencia de implantación real.
- La revisión tras cambios (vínculo con 6.3).
- El control de procesos externalizados.
- La aplicación de la perspectiva del ciclo de vida.
- La eficacia demostrable de los controles.

Los controles genéricos o no implantados operativamente pueden derivar en no conformidades.

8.2. Preparación y respuesta ante emergencias

Requisito de la norma ISO 14001:2015:

> La organización debe establecer, implementar y mantener procesos para prepararse y responder ante situaciones potenciales de emergencia ambiental.

Requisito de la norma ISO 14001:2026:

> Se mantiene el requisito, reforzando la necesidad de que la organización esté preparada para responder a emergencias derivadas de condiciones ambientales cambiantes y riesgos identificados.

1 Identificación del cambio

Refuerzo del enfoque preventivo y de la capacidad de respuesta.

2 Análisis técnico del cambio

La revisión de 2026 continúa la línea preventiva de la versión de 2015, pero incrementa la expectativa de que la planificación de emergencias esté:

- Basada en riesgos reales.
- Alineada con el contexto ambiental.
- Revisada periódicamente.
- Probada mediante simulacros efectivos.

El énfasis en las condiciones ambientales cambiantes puede implicar la revisión de los escenarios de emergencia, especialmente en organizaciones expuestas a riesgos climáticos o ambientales significativos.

3 Implicaciones para la organización

Será recomendable revisar:

- La identificación de escenarios de emergencia.
- La coherencia con riesgos ambientales.
- La periodicidad de los simulacros.
- La evaluación de eficacia.
- La actualización tras cambios operativos (vínculo con 6.3).
- La coordinación con partes externas, cuando aplique.

El impacto será mayor en organizaciones con planes de emergencia poco actualizados.

4 Enfoque de auditoría y certificación

El auditor evaluará:

- La identificación adecuada de emergencias.
- La evidencia de simulacros.
- La revisión tras incidentes o cambios.
- La coherencia con riesgos ambientales.
- La capacidad real de respuesta.

Los simulacros meramente formales o los escenarios obsoletos pueden generar observaciones.

CAPÍTULO 9. EVALUACIÓN DEL DESEMPEÑO

El capítulo 9 de la norma ISO 14001 establece los requisitos para el seguimiento, la medición, el análisis y la evaluación del desempeño ambiental, así como para la auditoría interna y la revisión por la dirección.

En la revisión de 2026 se mantiene la estructura general del capítulo, pero se refuerza la orientación hacia la evaluación de la eficacia real del sistema de gestión ambiental (SGA) y la fiabilidad de los datos utilizados para la toma de decisiones.

Se incrementa la expectativa de que las organizaciones dispongan de información ambiental robusta, trazable y útil para la mejora continua, en coherencia con el enfoque general de la norma hacia sistemas más dinámicos y basados en evidencia.

9.1. Seguimiento, medición, análisis y evaluación

9.1.1. Generalidades

Requisito de la norma ISO 14001:2015:

> La organización debe hacer seguimiento, medir, analizar y evaluar su desempeño ambiental y la eficacia del SGA.

Requisito de la norma ISO 14001:2026:

Se mantiene el requisito, reforzando la necesidad de disponer de datos fiables, comparables y útiles para la toma de decisiones y la mejora del desempeño.

1 Identificación del cambio

Refuerzo del enfoque hacia una evaluación basada en datos robustos.

2 Análisis técnico del cambio

La revisión de 2026 incrementa la expectativa de que el seguimiento y la medición no se limiten a la recopilación de datos, sino que permitan evaluar de forma efectiva:

- El desempeño ambiental real.
- El grado de cumplimiento de los objetivos.
- La eficacia de los controles operacionales.
- La evolución de riesgos y oportunidades.

Asimismo, el énfasis en entornos organizativos cada vez más digitalizados refuerza la necesidad de asegurar la integridad y trazabilidad de los datos ambientales.

3 Implicaciones para la organización

Las organizaciones deberán verificar que:

- Existen indicadores ambientales relevantes.
- Los métodos de medición están definidos.
- Los datos son fiables y trazable.
- Se realiza un análisis de tendencias.
- La información se utiliza para la toma de decisiones.
- Se revisa la adecuación de los indicadores ante cambios (vínculo con 6.3).

El impacto será mayor en organizaciones con indicadores poco robustos.

4 Enfoque de auditoría y certificación

El auditor evaluará:

- La calidad de los indicadores.
- La trazabilidad de los datos.
- La coherencia con los objetivos.
- El análisis de tendencias.
- El uso real en la gestión.

Datos inconsistentes o sin análisis pueden generar no conformidades.

9.1.2. Evaluación del cumplimiento

Requisito de la norma ISO 14001:2015:

> La organización debe evaluar el cumplimiento de sus obligaciones de cumplimiento y mantener conocimiento de su estado.

Requisito de la norma ISO 14001:2026:

> Se mantiene el requisito, reforzando la necesidad de un seguimiento sistemático y de evidencia documentada del estado de cumplimiento.

1 Identificación del cambio

Refuerzo del seguimiento y del análisis de cumplimiento.

2 Análisis técnico del cambio

La revisión de 2026 incrementa la expectativa de que la evaluación del cumplimiento sea sistemática, periódica, basada en evidencias y vinculada a la gestión de riesgos.

Se reduce la aceptación de revisiones meramente formales.

3 Implicaciones para la organización

Será necesario revisar:

- La periodicidad de la evaluación legal.
- La trazabilidad de los resultados.
- La gestión de los incumplimientos.
- La integración con la planificación.
- La coherencia con los cambios regulatorios.

4 Enfoque de auditoría y certificación

El auditor verificará:

- La metodología definida.
- Las evidencias de evaluación.
- El tratamiento de las desviaciones.
- La actualización normativa.

9.2. Auditoría interna

9.2.1. Generalidades

9.2.2. Programa de auditoría interna

Requisito de la norma ISO 14001:2015:

La organización debe realizar auditorías internas a intervalos planificados para proporcionar información sobre la conformidad y la eficacia del SGA.

Requisito de la norma ISO 14001:2026:

Se mantiene el requisito, reforzando la orientación de la auditoría hacia la evaluación de la eficacia del sistema y del enfoque basado en riesgos.

1 Identificación del cambio

Refuerzo del enfoque de auditoría basada en riesgos y en el desempeño.

2 Análisis técnico del cambio

La revisión de 2026 continúa la evolución de las auditorías internas desde un enfoque de verificación documental hacia una evaluación de la eficacia real del sistema.

Se incrementa la expectativa de que el programa de auditoría:

- Tenga en cuenta los riesgos ambientales.
- Priorice los procesos críticos.
- Evalúe los resultados.
- Considere los cambios recientes (vínculo con 6.3).

3 Implicaciones para la organización

Será recomendable revisar:

- El enfoque basado en riesgos del programa.
- La competencia de los auditores.
- La cobertura de procesos críticos.
- La evaluación de la eficacia.
- El seguimiento de acciones.

4 Enfoque de auditoría y certificación

El auditor externo evaluará:

- El enfoque del programa.
- La profundidad de las auditorías internas.
- La cobertura de riesgos.
- La calidad de los informes.
- El cierre de acciones.

9.3. Revisión por la dirección

Requisito de la norma ISO 14001:2015:

> La alta dirección debe revisar el SGA a intervalos planificados para asegurar su conveniencia, adecuación y eficacia.

Requisito de la norma ISO 14001:2026:

> Se mantiene el requisito, reforzando la expectativa de una revisión estratégica basada en datos y orientada al desempeño ambiental.

1 Identificación del cambio

Refuerzo del carácter estratégico de la revisión por la dirección.

2 Análisis técnico del cambio

La revisión de 2026 consolida la revisión por la dirección como el principal mecanismo de gobernanza del SGA.

Se incrementa la expectativa de que la revisión:

- Utilice información basada en datos.
- Evalúe tendencias.
- Considere cambios del contexto.

(continuación...)

- Revise la eficacia del sistema.
- Impulse decisiones estratégicas.

3 Implicaciones para la organización

Las organizaciones deberán asegurar:

- Unas entradas completas y actualizadas.
- El análisis de tendencias.
- Las decisiones documentadas.
- El seguimiento de acciones.
- La integración con la planificación estratégica.

4 Enfoque de auditoría y certificación

El auditor evaluará:

- La calidad de las entradas.
- La profundidad del análisis.
- Las decisiones tomadas.
- El seguimiento de acciones.
- La participación de la alta dirección.

CAPÍTULO 10.
MEJORA

El capítulo 10 de la norma ISO 14001 establece los requisitos para la mejora continua del sistema de gestión ambiental (SGA), incluida la gestión de no conformidades y acciones correctivas.

En la revisión de 2026 se mantiene la estructura general del capítulo, sin introducir nuevos requisitos formales. No obstante, se observa un refuerzo del enfoque hacia la eficacia real de las acciones de mejora y su contribución al desempeño ambiental.

La norma continúa evolucionando desde un enfoque reactivo basado en la corrección de desviaciones, hacia un modelo de mejora más estratégico, integrado y basado en evidencia.

En términos generales, el impacto del capítulo 10 se considera bajo-medio, dependiendo del grado de madurez del sistema.

10.1. Mejora continua

Requisito de la norma ISO 14001:2015:

> La organización debe mejorar continuamente la conveniencia, la adecuación y la eficacia del sistema de gestión ambiental para mejorar el desempeño ambiental.

Requisito de la norma ISO 14001:2026:

> Se mantiene el requisito, reforzando la expectativa de que la mejora continua esté basada en resultados medibles y alineada con la dirección estratégica.

1 Identificación del cambio

Refuerzo del enfoque hacia una mejora basada en el desempeño.

2 Análisis técnico del cambio

La versión de 2015 ya establecía la mejora continua como principio fundamental del SGA. Sin embargo, la revisión de 2026 incrementa la expectativa de que la mejora:

- Esté sustentada en datos objetivos.
- Contribuya al desempeño ambiental real.
- Esté alineada con la estrategia organizativa.
- Responda a cambios del contexto.

Se consolida así la transición desde mejoras puntuales o reactivas hacia una mejora sistemática y orientada a resultados.

3 Implicaciones para la organización

Las organizaciones deberán verificar que:

- La mejora se basa en análisis de datos.
- Existe trazabilidad entre resultados y acciones.
- Se consideran los cambios del entorno.
- La mejora se integra en la planificación.
- Se evalúa la eficacia de las acciones.

El impacto será mayor en organizaciones con un enfoque de mejora poco estructurado.

4 Enfoque de auditoría y certificación

El auditor evaluará:

- La evidencia de mejora real.
- La evolución de los indicadores ambientales.
- La coherencia con riesgos y objetivos.
- La integración con la revisión por la dirección.
- La eficacia de las acciones emprendidas.

10.2. No conformidad y acción correctiva

Requisito de la norma ISO 14001:2015:

> La organización debe reaccionar ante las no conformidades, tomar acciones para controlarlas y corregirlas, y abordar las causas para evitar su recurrencia.

Requisito de la norma ISO 14001:2026:

> Se mantiene el requisito, reforzando la necesidad de un análisis de causa eficaz y de la evaluación de la eficacia de las acciones correctivas.

1 Identificación del cambio

Refuerzo del enfoque hacia acciones correctivas eficaces.

2 Análisis técnico del cambio

La revisión de 2026 continúa la tendencia de las normas ISO hacia una gestión más rigurosa de las no conformidades, incrementando la expectativa de que:

- El análisis de causa raíz sea robusto.
- Las acciones correctivas sean proporcionales al riesgo.

(continuación...)

- Se verifique la eficacia de las acciones.
- Exista aprendizaje organizativo.

Se reduce la aceptación de tratamientos superficiales o meramente administrativos.

3 Implicaciones para la organización

Será recomendable revisar:

- La metodología de análisis de causa.
- Los criterios de proporcionalidad.
- El seguimiento de acciones.
- La verificación de la eficacia.
- La integración con riesgos y planificación.
- La trazabilidad documental.

El impacto será mayor en organizaciones con una gestión reactiva o poco analítica.

4 Enfoque de auditoría y certificación

El auditor evaluará:

- La calidad del análisis de causa.
- La coherencia de las acciones.
- La evidencia de un cierre eficaz.
- La recurrencia de problemas.
- La integración con la mejora del sistema.

Las acciones correctivas superficiales pueden derivar en no conformidades.

5.
EJEMPLOS DE APLICACIÓN PRÁCTICA

Con el fin de facilitar la comprensión y la aplicación práctica de los cambios introducidos en la norma ISO 14001:2026, se establecen dos organizaciones de referencia sobre las que se desarrollarán los distintos ejemplos y casos prácticos a lo largo del presente documento. Esta metodología permite contextualizar los requisitos normativos y analizar su aplicación en entornos organizativos con características y riesgos diferenciados.

Para el sector servicios, se define como organización modelo un centro de formación profesional especializado en el área de mecánica, cuya actividad principal se centra en la impartición de formación técnica reglada y no reglada. Este modelo permite ilustrar la aplicación de los requisitos del sistema de gestión ambiental en organizaciones intensivas en conocimiento, con fuerte interacción con partes interesadas como alumnado, profesorado, administraciones públicas y empresas colaboradoras.

Por otro lado, para el sector industrial, se establece como organización de referencia una empresa dedicada a la fabricación de drones, representativa de un entorno productivo con procesos de diseño, fabricación, verificación y control de producto, así como con requisitos elevados en materia de control operativo, gestión del riesgo, cumplimiento normativo y aseguramiento ambiental.

Ambos modelos organizativos se utilizarán de forma sistemática como base para el desarrollo de los ejemplos prácticos, lo que permitirá comparar la aplicación de los requisitos de la norma ISO 14001:2026 en contextos de servicios y de fabricación, y facilitará al lector la transferencia de los conceptos analizados a su propia realidad organizativa.

El objetivo es ilustrar de forma práctica cómo se materializan los cambios de la norma respecto a ISO 14001:2015.

En el análisis de cada requisito se incluye también una recomendación sobre las evidencias esperadas en la auditoría, así como sobre los riesgos e incumplimientos más habituales.

CAPÍTULO 4. CONTEXTO DE LA ORGANIZACIÓN

Enfoque del cambio en ISO 14001:2026: refuerzo del carácter dinámico del contexto ambiental y de su vinculación con condiciones ambientales cambiantes.

1 Empresa fabricante de drones

La empresa mantiene un proceso formal de vigilancia del contexto ambiental que integra el seguimiento de la normativa ambiental aplicable a los procesos de fabricación electrónica, la gestión de residuos peligrosos (baterías y componentes electrónicos) y los requisitos asociados a emisiones y consumo energético. Asimismo, monitoriza tendencias regulatorias relacionadas con la economía circular, las restricciones de sustancias y las expectativas ambientales del mercado aeronáutico.

A nivel interno, la organización evalúa periódicamente el desempeño ambiental de sus procesos productivos, la eficiencia energética de las líneas de montaje, la gestión de residuos generados en laboratorio y producción, así como la capacidad técnica del personal para gestionar requisitos ambientales emergentes.

Este análisis se revisa al menos una vez al año y, además, cuando se producen cambios relevantes, tales como modificaciones regulatorias, introducción de nuevos materiales o ampliaciones de capacidad productiva. Los resultados se incorporan como entrada directa a la revisión por la dirección y a la planificación del sistema de gestión ambiental.

2 Centro de formación profesional en mecánica

El centro dispone de un procedimiento de análisis del entorno ambiental asociado a sus actividades formativas y de taller, que incluye la revisión de la normativa ambiental aplicable a la gestión de residuos de prácticas (aceites usados, filtros y envases contaminados), el consumo de recursos y los requisitos municipales o autonómicos.

Asimismo, realiza un seguimiento de las expectativas ambientales del entorno educativo e industrial, incluyendo buenas prácticas de sostenibilidad en centros formativos y demandas del tejido empresarial en materia de competencias ambientales del alumnado.

El análisis se actualiza coincidiendo con la planificación académica anual y cuando se detectan cambios significativos, como nuevas exigencias regulatorias, incorporación de nuevos equipos de taller o modificaciones en los procesos formativos. La información se utiliza para planificar mejoras en la gestión ambiental del centro, inversiones en equipamiento más eficiente y ajustes en la formación del alumnado.

3 Evidencias esperadas en auditoría

- Análisis del contexto ambiental actualizado y fechado.
- Registros de revisión periódica.
- Evidencia de consideración de condiciones ambientales relevantes.
- Evidencia de uso del contexto en la planificación del SGA.

4 Riesgos habituales / no conformidades

- Análisis del contexto ambiental estático o genérico.
- Falta de consideración de condiciones ambientales cambiantes.
- Contexto desconectado de la evaluación de aspectos ambientales.
- Ausencia de revisión periódica documentada.

4.2. Partes interesadas

Enfoque del cambio en la norma ISO 14001:2026: refuerzo del seguimiento activo de las expectativas ambientales de las partes interesadas y su impacto en el SGA.

1 Empresa fabricante de drones

La empresa mantiene un proceso estructurado de identificación y seguimiento de las partes interesadas relevantes desde la perspectiva ambiental, incluyendo autoridades ambientales, clientes del sector aeronáutico, gestores autorizados de residuos, proveedores críticos y comunidad local.

Para cada parte interesada pertinente se determinan sus requisitos y expectativas ambientales, tales como el cumplimiento de la normativa sobre residuos electrónicos, los requisitos de clientes en materia de sostenibilidad, las condiciones de autorizaciones ambientales y los compromisos voluntarios del sector.

La organización revisa este análisis al menos anualmente y cuando se producen cambios significativos, como la entrada en nuevos mercados, modificaciones regulatorias o nuevos requisitos contractuales de clientes. Los resultados se integran en la evaluación de obligaciones de cumplimiento, en la matriz de riesgos y en la planificación del sistema de gestión ambiental.

2 Centro de formación profesional en mecánica

El centro dispone de una metodología para identificar y revisar las partes interesadas pertinentes en materia ambiental, incluyendo la Administración educativa, las autoridades municipales, las empresas colaboradoras, el alumnado y las familias, y los proveedores de servicios de gestión de residuos.

Se analizan las expectativas ambientales relevantes, tales como el cumplimiento de los requisitos de gestión de residuos de taller, las buenas prácticas ambientales en centros educativos, los requisitos municipales y las demandas del tejido empresarial respecto de la formación ambiental del alumnado.

La revisión se realiza coincidiendo con la planificación académica anual y cuando se detectan cambios relevantes (nueva normativa, acuerdos con empresas o modificaciones de instalaciones). La información se utiliza para actualizar procedimientos de gestión ambiental, contenidos formativos y controles operacionales del centro.

3 Evidencias esperadas en auditoría

- Identificación documentada de partes interesadas pertinentes.
- Determinación de necesidades y expectativas ambientales.

(continuación...)

- Evidencia de revisión periódica.
- Trazabilidad hacia obligaciones de cumplimiento y planificación del SGA.

4 Riesgos habituales / no conformidades

- Listado genérico de partes interesadas sin análisis real.
- Falta de actualización ante cambios del entorno.
- Expectativas no vinculadas a obligaciones de cumplimiento.
- Desconexión entre partes interesadas y planificación ambiental.

4.3. Determinación del alcance del sistema de gestión ambiental

Enfoque del cambio en la norma ISO 14001:2026: refuerzo de la coherencia entre el alcance del SGA, el contexto ambiental y las partes interesadas pertinentes.

1 Empresa fabricante de drones

La empresa ha definido y documentado el alcance de su sistema de gestión ambiental considerando sus actividades de diseño, ensamblaje y verificación de drones. Para su determinación, ha tenido en cuenta las cuestiones internas y externas identificadas en el análisis de contexto, las obligaciones de cumplimiento aplicables y las expectativas de las partes interesadas relevantes.

El alcance excluye justificadamente actividades que no están bajo el control de la organización, manteniendo coherencia con los aspectos ambientales significativos identificados, especialmente en relación con la gestión de residuos electrónicos, el consumo energético y el uso de sustancias en procesos de fabricación.

La organización revisa el alcance cuando se producen cambios relevantes, tales como ampliaciones de instalaciones, introducción de nuevas líneas de producto o modificaciones organizativas significativas. El alcance se mantiene disponible como información documentada y se comunica internamente y a las partes interesadas cuando procede.

2 Centro de formación profesional en mecánica

El centro ha establecido el alcance de su sistema de gestión ambiental, incluyendo las actividades formativas desarrolladas en aulas y talleres.

Para su determinación se han considerado el contexto del centro, los requisitos legales ambientales aplicables y las expectativas de las partes interesadas pertinentes, especialmente la Administración educativa, las autoridades locales y las empresas colaboradoras.

El alcance se revisa coincidiendo con cambios relevantes en la actividad del centro, tales como la incorporación de nuevos ciclos formativos, la ampliación de talleres o modificaciones significativas en los procesos de prácticas. La información documentada del alcance se mantiene actualizada y accesible.

3 Evidencias esperadas en auditoría

- Alcance del SGA documentado y actualizado.
- Coherencia entre alcance, contexto y aspectos ambientales.
- Justificación de exclusiones (si procede).
- Evidencia de revisión ante cambios relevantes.

4 Riesgos habituales / no conformidades

- Alcance demasiado genérico o poco representativo.
- Exclusiones no justificadas.
- Falta de coherencia con aspectos ambientales significativos.
- Ausencia de revisión tras cambios organizativos.

4.4. Sistema de gestión ambiental

Enfoque del cambio en la norma ISO 14001:2026: refuerzo de la eficacia del SGA como sistema integrado, dinámico y capaz de adaptarse a los cambios.

1 Empresa fabricante de drones

La empresa ha establecido, implementado y mantiene un sistema de gestión ambiental integrado en sus procesos de negocio, que cubre el control de aspectos ambientales significativos asociados al diseño, ensamblaje y verificación de drones.

El SGA se estructura mediante la definición de procesos interrelacionados que incluyen la identificación y evaluación de aspectos ambientales, el control operacional, la gestión de residuos peligrosos, el seguimiento del desempeño ambiental y la revisión periódica por la dirección.

La organización ha reforzado la integración del SGA con otros sistemas de gestión y con los procesos operativos, asegurando que los cambios en los procesos productivos, la introducción de nuevos materiales o las modificaciones organizativas activan la revisión de elementos del sistema, en coherencia con el nuevo enfoque de planificación de cambios.

El funcionamiento del sistema se revisa de forma periódica mediante auditorías internas, seguimiento de indicadores ambientales y revisión por la dirección.

2 Centro de formación profesional en mecánica

El centro mantiene un sistema de gestión ambiental implantado en sus actividades formativas y de apoyo, que cubre la gestión de residuos generados en talleres, el control del consumo de recursos y la sensibilización ambiental del personal y del alumnado.

El SGA se encuentra integrado en la operativa del centro mediante procedimientos que regulan la gestión de residuos de prácticas, el mantenimiento de instalaciones y el seguimiento de indicadores ambientales.

En línea con el enfoque de la norma de 2026, el centro ha reforzado la revisión del sistema ante cambios relevantes, tales como la incorporación de nuevo equipamiento de taller, las modificaciones en las prácticas formativas o los cambios en requisitos legales ambientales.

La eficacia del sistema se evalúa periódicamente mediante auditorías internas, el seguimiento de objetivos ambientales, indicadores y revisión por la dirección.

3 Evidencias esperadas en auditoría

- Mapa de procesos del SGA.
- Evidencia de integración en la operativa real.
- Registros de seguimiento del desempeño ambiental.
- Resultados de auditorías internas.
- Actas de revisión por la dirección.

4 Riesgos habituales / no conformidades

- SGA excesivamente documental y poco integrado.
- Falta de evidencia de interacción entre procesos.
- Escasa vinculación con la operativa real.
- Sistema poco reactivo ante cambios.

CAPÍTULO 5. LIDERAZGO

5.1. Liderazgo y compromiso

Enfoque del cambio en la norma ISO 14001:2026: refuerzo de la implicación visible de la alta dirección y de la integración del SGA en la estrategia y en los procesos de negocio.

1 Empresa fabricante de drones

La alta dirección de la empresa demuestra su liderazgo mediante la integración del sistema de gestión ambiental en la planificación estratégica y en la toma de decisiones operativas. En particular, el comité de dirección revisa periódicamente el desempeño ambiental, incluyendo indicadores de consumo energético, generación de residuos electrónicos y cumplimiento de requisitos legales.

La dirección ha asignado recursos específicos para la mejora de la eficiencia energética de las líneas de ensamblaje y ha incorporado criterios ambientales en la evaluación de nuevas inversiones y en el desarrollo de nuevos productos. Asimismo, participa activamente en la revisión por la dirección del SGA y realiza un seguimiento del grado de cumplimiento de los objetivos ambientales.

El compromiso se evidencia también mediante la comunicación interna de la importancia de la gestión ambiental y el apoyo a iniciativas de mejora propuestas por los responsables de proceso.

2 Centro de formación profesional en mecánica

La dirección del centro demuestra liderazgo asegurando la integración de la gestión ambiental en la planificación académica y en la gestión de los talleres formativos. Se realiza un seguimiento periódico de indicadores como la generación de residuos de prácticas, el consumo de energía y el cumplimiento de requisitos ambientales aplicables.

La dirección participa en la revisión anual del sistema, aprueba los objetivos ambientales del centro y asigna recursos para la mejora de la gestión de residuos y la renovación de equipamiento por alternativas más eficientes.

Asimismo, promueve la sensibilización ambiental del personal docente y del alumnado, incorporando criterios de sostenibilidad en la planificación del centro.

3 Evidencias esperadas en auditoría

- Participación de la alta dirección en la revisión del SGA.
- Evidencia de asignación de recursos.
- Integración del SGA en decisiones estratégicas.
- Seguimiento por la dirección de objetivos ambientales.

4 Riesgos habituales / no conformidades

- Liderazgo delegado exclusivamente en el responsable ambiental.
- Escasa evidencia de implicación de la dirección.
- Falta de integración con la estrategia.
- Recursos insuficientes o no justificados.

5.2. Política ambiental

Enfoque del cambio en la norma ISO 14001:2026: refuerzo de la coherencia entre la política ambiental, la estrategia organizativa y el compromiso con la protección del medio ambiente.

1 Empresa fabricante de drones

La empresa mantiene una política ambiental aprobada por la alta dirección que refleja su compromiso con la protección del medio ambiente, la prevención de la contaminación y el cumplimiento de las obligaciones legales aplicables a la fabricación de equipos electrónicos y aeronáuticos.

La política ha sido revisada para asegurar su coherencia con el contexto actual de la organización y con las expectativas de los clientes del sector aeronáutico en materia de sostenibilidad. Se comunica al personal mediante sesiones informativas y se encuentra disponible para las partes interesadas a través de la página web corporativa.

La organización verifica periódicamente la adecuación de la política durante la revisión por la dirección.

2 Centro de formación profesional en mecánica

El centro dispone de una política ambiental formalmente aprobada que recoge el compromiso con la correcta gestión de residuos de taller, el uso eficiente de recursos y la sensibilización ambiental del alumnado.

La política se revisa coincidiendo con la planificación anual del centro y se comunica al personal docente y no docente. Asimismo, se encuentra accesible para el alumnado y otras partes interesadas a través de los canales internos del centro.

3 Evidencias esperadas en auditoría

- Política ambiental aprobada y vigente.
- Evidencia de comunicación interna y externa.
- Coherencia con el contexto y los objetivos.
- Registro de revisión periódica.

4 Riesgos habituales / no conformidades

- Política genérica no alineada con la actividad.
- Falta de comunicación efectiva.
- Documento obsoleto.
- Desconexión entre la política y los objetivos.

5.3. Roles, responsabilidades y autoridades en la organización

Enfoque del cambio en la norma ISO 14001:2026: refuerzo de la claridad organizativa y de la integración del SGA en la estructura real de la organización.

1 Empresa fabricante de drones

La empresa ha definido y comunicado las responsabilidades ambientales dentro de su estructura organizativa. El responsable de medio ambiente coordina el SGA, mientras que los responsables de producción, mantenimiento y calidad tienen asignadas funciones específicas relacionadas con el control de aspectos ambientales significativos.

Las responsabilidades se encuentran documentadas en descripciones de puesto y en la matriz de responsabilidades del sistema. La organización ha reforzado la implicación de los mandos intermedios, asegurando que los responsables de proceso participan en la identificación de aspectos ambientales y en la gestión de cambios que puedan afectar al desempeño ambiental.

La eficacia de la asignación de responsabilidades se revisa durante las auditorías internas y la revisión por la dirección.

2 Centro de formación profesional en mecánica

El centro ha definido las responsabilidades ambientales dentro de su estructura, asignando al coordinador de calidad y medio ambiente la supervisión del sistema y a los responsables de taller funciones específicas relacionadas con la correcta gestión de residuos de prácticas y el control de consumos.

Estas responsabilidades se comunican al personal y se integran en las funciones habituales de los puestos docentes y de apoyo. El centro revisa periódicamente la adecuación de esta asignación, especialmente cuando se producen cambios organizativos o la incorporación de nuevos ciclos formativos.

3 Evidencias esperadas en auditoría

- Matriz de responsabilidades actualizada.
- Descripciones de puesto con funciones ambientales.
- Evidencia de comunicación interna.
- Participación de responsables de proceso.

4 Riesgos habituales / no conformidades

- Responsabilidades poco claras o genéricas.
- Dependencia excesiva de una única persona.
- Falta de implicación de los mandos intermedios.
- Desalineación con la estructura real.

CAPÍTULO 6. PLANIFICACIÓN

6.1.1. Generalidades y 6.1.4. Riesgos y oportunidades

Enfoque del cambio en la ISO 14001:2026: refuerzo del carácter dinámico del análisis de riesgos y de su vinculación con condiciones ambientales cambiantes.

1 Empresa fabricante de drones

La empresa mantiene una metodología formal para la identificación y evaluación de riesgos y oportunidades ambientales vinculados a sus procesos de diseño y fabricación de drones. El análisis considera los aspectos ambientales significativos, las obligaciones de cumplimiento y las cuestiones del contexto previamente identificadas.

Con la revisión de la norma, la organización ha reforzado la revisión periódica del análisis de riesgos, incorporando la evaluación de cambios en el entorno regulatorio, en la disponibilidad de materias primas críticas y en los requisitos ambientales de clientes del sector aeronáutico.

Los resultados del análisis se integran en la planificación del SGA y se revisan al menos anualmente o cuando se producen cambios relevantes en los procesos o en el contexto.

2 Centro de formación profesional en mecánica

El centro dispone de una metodología de evaluación de riesgos y oportunidades ambientales asociadas a sus actividades de taller y al mantenimiento de instalaciones. El análisis considera la generación de residuos de prácticas, el consumo de recursos y el cumplimiento de requisitos ambientales aplicables.

Se ha reforzado la revisión periódica, coincidiendo con la planificación académica y cuando se introducen nuevos equipos de taller o cambios en la normativa aplicable. Los resultados se utilizan para priorizar acciones de mejora ambiental del centro.

3 Evidencias esperadas en auditoría

- Metodología de evaluación de riesgos y oportunidades.
- Matriz de riesgos actualizada.
- Evidencia de revisión periódica.
- Trazabilidad con la planificación del SGA.

4 Riesgos habituales / no conformidades

- Análisis de riesgos estático.
- Falta de vínculo con el contexto.
- Riesgos no conectados con acciones.

6.1.2. Aspectos ambientales

Enfoque del cambio en la norma ISO 14001:2026: refuerzo de la revisión de aspectos ante cambios operativos y del entorno.

1 Empresa fabricante de drones

La empresa mantiene identificados los aspectos ambientales asociados a sus procesos, incluyendo la generación de residuos electrónicos, el consumo energético y el uso de sustancias en producción.

Tras la revisión de la norma, ha reforzado el procedimiento para asegurar que la matriz de aspectos se revise cuando se producen cambios relevantes, tales como la introducción de nuevos materiales, las modificaciones de procesos o las ampliaciones de capacidad productiva.

La revisión se documenta y se vincula con el proceso de gestión del cambio.

2 Centro de formación profesional en mecánica

El centro dispone de una identificación de aspectos ambientales de sus talleres (aceites usados, envases contaminados y consumo energético). Se ha reforzado la revisión cuando se incorporan nuevos equipos o prácticas formativas.

El centro de formación se encuentra en las proximidades de una refinería, por lo que se incluyen las situaciones de emergencia que puedan afectar a esa instalación. Por ejemplo, una explosión en la refinería puede generar roturas en las instalaciones, con los consiguientes derrames.

3 Evidencias esperadas en auditoría

- Matriz de aspectos actualizada.
- Criterios de evaluación definidos.
- Evidencia de revisión tras cambios.

4 Riesgos habituales / no conformidades

- Matriz no revisada tras cambios.
- Evaluación poco justificada.
- Falta de perspectiva de ciclo de vida.

6.1.3. Obligaciones de cumplimiento

Enfoque del cambio en la norma ISO 14001:2026: refuerzo del seguimiento sistemático de requisitos legales y de otros compromisos.

1 Empresa fabricante de drones

La organización mantiene un registro actualizado de requisitos legales ambientales aplicables a su actividad e instalaciones. Ha reforzado el proceso de actualización normativa mediante la suscripción a un servicio especializado y una revisión periódica documentada.

2 Centro de formación profesional en mecánica

El centro realiza el seguimiento de la normativa autonómica y municipal aplicable a residuos y consumos, autorizaciones, inspecciones reglamentarias y emisiones, entre otros aspectos, con revisión anual y ante cambios regulatorios.

3 Evidencias esperadas en auditoría

- Registro legal actualizado.
- Evaluaciones periódicas de cumplimiento.
- Evidencia de tratamiento de desviaciones.

4 Riesgos habituales / no conformidades

- Registro legal desactualizado.
- Evaluaciones formales sin evidencia.
- Falta de seguimiento.

6.1.5. Planificación de acciones

Enfoque del cambio en la norma ISO 14001:2026: refuerzo de la integración efectiva de las acciones en los procesos operativos.

1 Empresa fabricante de drones

La empresa planifica acciones derivadas de riesgos, aspectos y requisitos legales, integrándolas en los planes operativos de producción y mantenimiento. Se ha reforzado el seguimiento mediante indicadores de eficacia.

2 Centro de formación profesional en mecánica

El centro integra las acciones ambientales en la planificación anual de mantenimiento de talleres y en el plan de gestión de residuos.

3 Evidencias esperadas en auditoría

- Planes de acción documentados.
- Seguimiento de eficacia.
- Integración en procesos.

4 Riesgos habituales / no conformidades

- Acciones no implantadas.
- Falta de seguimiento.
- Desconexión con riesgos.

6.2. Objetivos ambientales y planificación para lograrlos

Enfoque del cambio en la norma ISO 14001:2026: refuerzo del seguimiento sistemático de requisitos legales y de otros compromisos.

Enfoque del cambio en la norma ISO 14001:2026: refuerzo de objetivos medibles y alineados con el desempeño ambiental.

1 Empresa fabricante de drones

La empresa ha revisado sus objetivos ambientales para asegurar su carácter medible, incluyendo la reducción de consumo energético por unidad producida y la mejora en la segregación de residuos electrónicos. El seguimiento se realiza mediante un cuadro de mando ambiental revisado por la dirección.

2 Centro de formación profesional en mecánica

El centro ha establecido objetivos cuantificados de reducción de residuos peligrosos de taller y mejora de la eficiencia energética, con seguimiento trimestral.

3 Evidencias esperadas en auditoría

- Objetivos definidos y medibles.
- Indicadores asociados.
- Seguimiento periódico.

4 Riesgos habituales / no conformidades

- Objetivos genéricos.
- Falta de indicadores.
- Ausencia de seguimiento.

6.3. Planificación de los cambios

Enfoque del cambio en la norma ISO 14001:2026: incorporación de un proceso estructurado de gestión del cambio dentro del SGA.

1 Empresa fabricante de drones

La empresa ha implantado un procedimiento formal de gestión del cambio que se activa ante modificaciones de procesos productivos, introducción de nuevos materiales, cambios de diseño o cambios organizativos relevantes.

El procedimiento incluye la evaluación previa de impactos ambientales, la revisión de aspectos afectados, la verificación de recursos y la aprobación por responsables designados. Se ha formado a los mandos intermedios para asegurar su aplicación sistemática.

2 Centro de formación profesional en mecánica

El centro ha integrado la gestión del cambio en su procedimiento de planificación de talleres. Antes de incorporar nuevo equipamiento o modificar prácticas formativas, se evalúan los posibles impactos ambientales y la necesidad de actualizar controles operacionales.

3 Evidencias esperadas en auditoría

- Procedimiento de gestión del cambio.
- Registros de evaluación de cambios.
- Evidencia de aplicación real.
- Formación a responsables.

4 Riesgos habituales / no conformidades

- Ausencia de sistemática formal.
- Evaluaciones no documentadas.
- Desconexión con aspectos ambientales.
- Aplicación meramente teórica.

CAPÍTULO 7. APOYO

7.1. Recursos

Enfoque del cambio en la norma ISO 14001:2026: refuerzo de la adecuación real de los recursos para garantizar la eficacia del SGA.

1 Empresa fabricante de drones

La empresa determina anualmente los recursos necesarios para el funcionamiento del sistema de gestión ambiental en el marco de la planificación estratégica. Esta determinación considera la evolución de la actividad productiva, los requisitos legales aplicables y los objetivos ambientales establecidos.

Como resultado del análisis de la versión 2026, la organización ha reforzado la revisión de recursos ante cambios relevantes, tales como ampliaciones de capacidad productiva, introducción de nuevas tecnologías de ensamblaje o incremento en la generación de residuos electrónicos.

La dirección ha asignado presupuesto específico para la mejora de la eficiencia energética de las instalaciones y para la optimización de la gestión de residuos peligrosos, evidenciando la adecuación de los recursos al nivel de riesgo ambiental.

2 Centro de formación profesional en mecánica

El centro evalúa anualmente los recursos necesarios para la correcta gestión ambiental de sus talleres, incluyendo contenedores específicos para residuos de prácticas, contratos con gestores autorizados y mantenimiento de instalaciones.

Se ha reforzado la revisión de recursos cuando se incorporan nuevos equipos de taller o se amplía la actividad formativa. La dirección del centro aprueba las inversiones necesarias para garantizar el cumplimiento ambiental y la mejora del desempeño.

3 Evidencias esperadas en auditoría

- Registros de planificación de recursos.
- Evidencia de asignación presupuestaria cuando proceda.
- Coherencia entre recursos y objetivos ambientales.
- Revisión de recursos ante cambios relevantes.

4 Riesgos habituales / no conformidades

- Recursos insuficientes para el nivel de riesgo.
- Falta de justificación de necesidades.
- Ausencia de revisión periódica.
- Desalineación con los objetivos ambientales.

7.2. Competencia

Enfoque del cambio en la norma ISO 14001:2026: refuerzo de la competencia efectiva del personal ante requisitos ambientales y en la gestión del cambio.

1 Empresa fabricante de drones

La empresa mantiene definida la competencia necesaria para los puestos que pueden afectar al desempeño ambiental, incluyendo el personal de diseño, producción, mantenimiento y gestión de residuos.

Tras el análisis de la nueva versión, la organización ha reforzado la formación específica en gestión de residuos electrónicos, manipulación de sustancias peligrosas y aplicación del procedimiento de gestión del cambio ambiental.

La eficacia de la formación se evalúa mediante observaciones en el puesto de trabajo y revisión de incidencias ambientales.

2 Centro de formación profesional en mecánica

El centro ha identificado las competencias ambientales necesarias del personal docente de talleres y del personal de mantenimiento. Se han programado acciones formativas específicas en gestión de residuos peligrosos y buenas prácticas ambientales en talleres.

Asimismo, se ha incorporado la sensibilización ambiental del alumnado dentro de las actividades formativas.

3 Evidencias esperadas en auditoría

- Matriz de competencias actualizada.
- Registros de formación ambiental.
- Evaluación de la eficacia formativa.
- Identificación de puestos críticos.

4 Riesgos habituales / no conformidades

- Formación genérica no vinculada a riesgos.
- Falta de evaluación de la eficacia.
- Competencias no definidas por puesto.
- Personal clave sin capacitación específica.

7.3. Toma de conciencia

Enfoque del cambio en la norma ISO 14001:2026: refuerzo de la conciencia ambiental real del personal y su contribución al SGA.

1 Empresa fabricante de drones

La organización desarrolla campañas periódicas de sensibilización ambiental dirigidas al personal de producción y apoyo, centradas en la correcta segregación de residuos electrónicos, el uso eficiente de la energía y la prevención de derrames.

Se ha reforzado la verificación de la eficacia mediante entrevistas en el puesto de trabajo y observaciones operativas, asegurando que el personal comprende su contribución al desempeño ambiental.

2 Centro de formación profesional en mecánica

El centro realiza acciones de sensibilización ambiental dirigidas al personal y al alumnado, incluyendo sesiones informativas sobre gestión de residuos de taller y buenas prácticas ambientales.

La comprensión se verifica mediante el seguimiento en talleres y la revisión del comportamiento ambiental durante las prácticas.

3 Evidencias esperadas en auditoría

- Registros de acciones de sensibilización.
- Evidencia de comprensión del personal.
- Materiales de comunicación ambiental.
- Resultados de entrevistas internas.

4 Riesgos habituales / no conformidades

- Concienciación meramente formal.
- Personal que desconoce aspectos significativos.
- Falta de verificación de comprensión.
- Acciones puntuales sin continuidad.

7.4. Comunicación

Enfoque del cambio en la norma ISO 14001:2026: refuerzo de la coherencia, la fiabilidad y la trazabilidad de la comunicación ambiental.

1 Empresa fabricante de drones

La empresa mantiene definida una matriz de comunicaciones ambientales internas y externas que incluye comunicaciones con autoridades ambientales, gestores de residuos y clientes que requieren información ambiental.

Se ha reforzado el control de la información comunicada externamente para asegurar su coherencia con los datos reales de desempeño ambiental y con los requisitos regulatorios aplicables.

2 Centro de formación profesional en mecánica

El centro dispone de canales definidos para la comunicación ambiental interna y externa, incluyendo comunicaciones con la Administración educativa, autoridades locales y empresas colaboradoras.

La organización verifica periódicamente la coherencia de la información comunicada y su adecuación a los requisitos aplicables.

3 Evidencias esperadas en auditoría

- Matriz de comunicaciones.
- Registros de comunicaciones relevantes.
- Evidencia de revisión de la información.
- Control de comunicaciones externas.

4 Riesgos habituales / no conformidades

- Comunicaciones no controladas.
- Información ambiental inconsistente.
- Falta de trazabilidad.
- Ausencia de un proceso definido.

7.5. Información documentada

Enfoque del cambio en la norma ISO 14001:2026: refuerzo del control, la integridad y la disponibilidad de la información documentada, especialmente en entornos digitalizados.

1 Empresa fabricante de drones

La empresa gestiona la información documentada del SGA mediante su sistema corporativo de gestión documental, que asegura el control de versiones, la trazabilidad de cambios y el control de accesos.

Tras la revisión de la norma, se han reforzado los controles sobre registros ambientales críticos (residuos peligrosos, consumos energéticos y evaluaciones legales) y se ha verificado la disponibilidad de copias de seguridad.

2 Centro de formación profesional en mecánica

El centro mantiene controlada la documentación ambiental mediante su sistema de gestión documental, asegurando la actualización de procedimientos, registros de residuos y evidencias de seguimiento ambiental.

Se ha reforzado la revisión periódica de la documentación y el control de accesos a registros ambientales.

3 Evidencias esperadas en auditoría

- Procedimiento de control documental.
- Registros ambientales trazables.
- Control de versiones.
- Evidencia de copias de seguridad.

4 Riesgos habituales / no conformidades

- Documentación obsoleta en uso.
- Registros incompletos.
- Falta de control de versiones.
- Accesos no controlados.

CAPÍTULO 8. OPERACIÓN

8.1. Planificación y control operacional

Enfoque del cambio en la norma ISO 14001:2026: refuerzo del carácter dinámico del control operacional y de su revisión ante cambios.

1 Empresa fabricante de drones

La empresa ha identificado los procesos operativos asociados a sus aspectos ambientales significativos, incluyendo la gestión de residuos electrónicos, el consumo energético de las líneas de ensamblaje y la manipulación de sustancias en procesos de fabricación.

Los controles operacionales se encuentran definidos en procedimientos de producción, instrucciones técnicas y criterios operativos medibles. Tras el análisis de la versión de 2026, la organización ha reforzado la revisión de estos controles cuando se producen cambios relevantes, tales como la introducción de nuevos materiales, las modificaciones de proceso, las modificaciones de diseño o las ampliaciones de capacidad.

Asimismo, se ha vinculado formalmente el proceso de gestión del cambio con la revisión de los controles operacionales, asegurando la coherencia del sistema.

2 Centro de formación profesional en mecánica

El centro mantiene controles operacionales para la correcta gestión de residuos de taller, el almacenamiento de aceites usados, el control de vertidos accidentales y el uso eficiente de recursos.

Se ha reforzado la revisión de dichos controles cuando se incorporan nuevos equipos de taller, se modifican las prácticas formativas o se producen cambios en los requisitos legales aplicables.

Los controles se encuentran integrados en las instrucciones de taller y en los procedimientos de mantenimiento del centro.

3 Evidencias esperadas en auditoría

- Procedimientos operativos actualizados.
- Criterios operacionales definidos.
- Evidencia de revisión tras cambios.
- Registros de control operacional.
- Vinculación con la gestión del cambio.

4 Riesgos habituales / no conformidades

- Controles operacionales genéricos.
- Falta de revisión tras cambios.
- Desconexión con aspectos significativos.
- Procedimientos no implantados en la práctica.

8.2. Preparación y respuesta ante emergencias

Enfoque del cambio en la norma ISO 14001:2026: refuerzo de la preparación basada en riesgos ambientales y en condiciones cambiantes.

1 Empresa fabricante de drones

La empresa dispone de un procedimiento de preparación y respuesta ante emergencias ambientales que contempla escenarios como derrames de sustancias, incendios en zonas de almacenamiento de baterías y fallos en sistemas de contención de residuos.

Tras la revisión de la norma, la organización ha actualizado la identificación de escenarios de emergencia considerando cambios en los procesos productivos y en el almacenamiento de materiales peligrosos. Asimismo, ha reforzado la periodicidad de los simulacros y la evaluación de su eficacia.

Los resultados de los simulacros se analizan y se incorporan acciones de mejora cuando procede.

2 Centro de formación profesional en mecánica

El centro dispone de planes de emergencia ambiental asociados a derrames de aceites, incendios en talleres y gestión de residuos peligrosos.

Se ha reforzado la revisión de los escenarios de emergencia cuando se incorporan nuevos equipos o se modifican las prácticas de taller.

También se han incluido pautas de actuación asociadas a las situaciones de emergencia derivadas de los aspectos ambientales identificados ante posibles situaciones de emergencia de la refinería colindante.

El centro realiza simulacros periódicos y evalúa su eficacia mediante informes documentados.

3 Evidencias esperadas en auditoría

- Identificación de situaciones de emergencia.
- Planes de respuesta documentados.
- Registros de simulacros realizados.
- Evaluación de eficacia de los simulacros.
- Acciones de mejora derivadas.

4 Riesgos habituales / no conformidades

- Escenarios de emergencia incompletos.
- Simulacros no realizados o no evaluados.
- Planes de emergencia obsoletos.
- Falta de revisión tras cambios operativos.

CAPÍTULO 9. EVALUACIÓN DEL DESEMPEÑO

9.1.1. Seguimiento, medición, análisis y evaluación

Enfoque del cambio en la norma ISO 14001:2026: refuerzo de la fiabilidad de los datos ambientales y de su uso para la toma de decisiones.

1 Empresa fabricante de drones

La empresa dispone de un sistema de seguimiento del desempeño ambiental basado en indicadores clave, tales como consumo energético por unidad producida, generación de residuos electrónicos y porcentaje de valorización de residuos peligrosos.

Tras el análisis de la versión de 2026, la organización ha reforzado la definición de los métodos de medición, la trazabilidad de los datos y el análisis de tendencias. Se han establecido umbrales de control y mecanismos de revisión periódica por parte de la dirección.

Asimismo, se ha verificado que los indicadores se revisan cuando se producen cambios relevantes en los procesos o en el contexto operativo.

2 Centro de formación profesional en mecánica

El centro realiza el seguimiento de indicadores ambientales asociados a la generación de residuos de taller y aulas, al consumo de energía, gas, agua y otros recursos, a las incidencias detectadas en las inspecciones de las instalaciones para la verificación de las pautas ambientales establecidas y al cumplimiento de objetivos ambientales.

Se ha reforzado el análisis de tendencias coincidiendo con la revisión anual del sistema y se ha mejorado la trazabilidad de los registros ambientales, asegurando la disponibilidad de datos fiables para la toma de decisiones.

3 Evidencias esperadas en auditoría

- Indicadores ambientales definidos.
- Métodos de medición documentados.
- Registros de seguimiento actualizados.
- Análisis de tendencias.
- Evidencia de uso en la toma de decisiones.

4 Riesgos habituales / no conformidades

- Indicadores poco representativos.
- Datos sin trazabilidad.
- Falta de análisis de tendencias.
- Información no utilizada en la gestión.

9.1.2. Evaluación del cumplimiento

Enfoque del cambio en la norma ISO 14001:2026: refuerzo del seguimiento sistemático y documentado del cumplimiento legal ambiental.

1 Empresa fabricante de drones

La organización realiza evaluaciones periódicas del cumplimiento de sus obligaciones legales ambientales, incluyendo requisitos sobre residuos peligrosos, autorizaciones, inspecciones reglamentarias, almacenamiento de sustancias y emisiones asociadas a sus instalaciones.

Se ha reforzado la sistemática de evaluación mediante la definición de periodicidades, responsables y criterios de verificación. Los resultados se documentan y las desviaciones detectadas se gestionan mediante acciones correctivas.

2 Centro de formación profesional en mecánica

El centro evalúa trimestralmente el cumplimiento de la normativa ambiental aplicable a la gestión de residuos de taller y a las instalaciones. Se han definido listas de verificación específicas y se documentan los resultados de cada evaluación.

Cuando se detectan desviaciones, se planifican acciones correctivas y se realiza su seguimiento hasta su cierre.

3 Evidencias esperadas en auditoría

- Registro de requisitos legales actualizado.
- Informes de evaluación de cumplimiento.
- Evidencia de tratamiento de incumplimientos.
- Seguimiento de acciones derivadas.

4 Riesgos habituales / no conformidades

- Evaluaciones meramente formales.
- Periodicidad no definida.
- Desviaciones sin tratar.
- Falta de trazabilidad.

9.2. Auditoría interna

Enfoque del cambio en la norma ISO 14001:2026: refuerzo del enfoque basado en riesgos y en la evaluación de la eficacia del SGA.

1 Empresa fabricante de drones

La empresa mantiene un programa anual de auditorías internas que cubre los procesos del sistema de gestión ambiental en función de su criticidad ambiental y de los resultados de auditorías previas.

Tras la revisión de la norma, se ha reforzado el enfoque basado en riesgos para priorizar procesos con mayor impacto ambiental. Asimismo, se ha incrementado la profundidad de las auditorías operativas para verificar la eficacia real de los controles ambientales.

Los resultados se comunican a la dirección y se realiza un seguimiento de las acciones correctivas derivadas.

2 Centro de formación profesional en mecánica

El centro dispone de un programa de auditoría interna que cubre todos los procesos del sistema de gestión ambiental, incluyendo la gestión de residuos, el control de consumos y el cumplimiento de procedimientos ambientales en talleres.

Se ha reforzado la competencia de los auditores internos y la revisión de la eficacia de las acciones derivadas de auditorías anteriores.

3 Evidencias esperadas en auditoría

- Programa de auditoría basado en riesgos.
- Informes de auditoría interna.
- Evidencia de competencia de los auditores.
- Seguimiento de acciones correctivas.

4 Riesgos habituales / no conformidades

- Auditorías excesivamente documentales.
- Cobertura insuficiente de procesos críticos.
- Acciones sin seguimiento.
- Auditores sin competencia demostrada.

9.3. Revisión por la dirección

Enfoque del cambio en la norma ISO 14001:2026: refuerzo del carácter estratégico de la revisión y de su base en datos de desempeño ambiental.

1 Empresa fabricante de drones

La alta dirección realiza la revisión del sistema de gestión ambiental con periodicidad anual, analizando información relativa al desempeño ambiental, al cumplimiento legal, a los resultados de auditorías, al estado de los objetivos y a los cambios en el contexto. El informe incluye todas las entradas y resultados definidos en la norma de referencia.

Tras la revisión de la norma, la organización ha reforzado el análisis de tendencias de indicadores y la evaluación de la eficacia del sistema. Las decisiones adoptadas incluyen la asignación de recursos, la actualización de objetivos y la priorización de acciones de mejora.

2 Centro de formación profesional en mecánica

El centro realiza la revisión anual del SGA coincidiendo con el cierre del curso académico. Se analizan los resultados ambientales del periodo, el cumplimiento de objetivos y las necesidades de mejora. El informe incluye todas las entradas y resultados definidos en la norma de referencia.

Se ha reforzado la documentación de decisiones y el seguimiento de acciones derivadas de la revisión.

3 Evidencias esperadas en auditoría

- Actas de revisión por la dirección.
- Análisis de indicadores ambientales.
- Decisiones y acciones documentadas.
- Seguimiento de acciones.

4 Riesgos habituales / no conformidades

- Revisiones superficiales.
- Falta de análisis de tendencias.
- Decisiones no documentadas.
- Acciones sin seguimiento.

CAPÍTULO 10. MEJORA

10.1. Mejora continua

Enfoque del cambio en la norma ISO 14001:2026: refuerzo de la mejora basada en resultados medibles y en el desempeño ambiental real.

1 Empresa fabricante de drones

La empresa ha establecido un proceso sistemático de mejora continua del sistema de gestión ambiental, basado en el análisis periódico de indicadores ambientales, resultados de auditorías internas, evaluaciones de cumplimiento y revisiones por la dirección.

Tras el análisis de la versión de 2026, la organización ha reforzado la vinculación entre los resultados del seguimiento ambiental y la identificación de oportunidades de mejora, priorizando aquellas con mayor impacto en la reducción del consumo energético y en la optimización de la gestión de residuos electrónicos.

Las oportunidades de mejora se integran en la planificación anual, y se realiza un seguimiento de su grado de implantación y eficacia.

2 Centro de formación profesional en mecánica

El centro mantiene un proceso de mejora continua asociado a la revisión anual del sistema de gestión ambiental y al análisis de los resultados obtenidos en talleres e instalaciones.

Se han identificado e implantado mejoras relacionadas con la reducción de residuos peligrosos derivados de las prácticas, la mejora de la segregación en talleres y la optimización del consumo energético de las instalaciones.

Las acciones de mejora se documentan y se revisa periódicamente su eficacia.

3 Evidencias esperadas en auditoría

- Registro de oportunidades de mejora.
- Evidencia de análisis de datos ambientales.
- Planes de mejora implantados.
- Seguimiento de la eficacia.
- Integración en la revisión por la dirección.

4 Riesgos habituales / no conformidades

- Mejora continua meramente declarativa.
- Acciones sin seguimiento.
- Falta de vínculo con datos ambientales.
- Ausencia de priorización por impacto.

10.2. No conformidad y acción correctiva

Enfoque del cambio en la norma ISO 14001:2026: refuerzo del análisis de causa raíz y de la eficacia de las acciones correctivas.

1 Empresa fabricante de drones

La organización dispone de un procedimiento para la gestión de no conformidades ambientales que contempla la detección, el registro, el análisis de causa raíz, las acciones correctivas y la verificación de su eficacia.

Tras la revisión de la norma, se ha reforzado la metodología de análisis de causa para asegurar su proporcionalidad con respecto al riesgo ambiental y evitar recurrencias, y se incluye la realización de un análisis de extensión en cada caso para establecer si se trata de errores sistemáticos o puntuales. Asimismo, se ha establecido un seguimiento más sistemático del cierre eficaz de las acciones.

Las no conformidades se analizan de forma agregada durante la revisión por la dirección para identificar tendencias y oportunidades de mejora sistémica.

2 Centro de formación profesional en mecánica

El centro gestiona las incidencias ambientales detectadas en talleres mediante un proceso formal de no conformidades que incluye el análisis de causa, la definición de acciones correctivas y su verificación posterior.

Se ha reforzado la formación del personal responsable para mejorar la calidad del análisis de causa y realizar el análisis de extensión, a fin de evitar tratamientos superficiales de las desviaciones y eliminar, mediante acciones correctivas, las causas de las no conformidades.

3 Evidencias esperadas en auditoría

- Registro de no conformidades ambientales.
- Análisis de causa documentado.
- Acciones correctivas definidas.
- Evidencia de verificación de la eficacia.
- Análisis de recurrencia.

4 Riesgos habituales / no conformidades

- Análisis de causa superficial.
- Acciones correctivas genéricas.
- Falta de verificación de la eficacia.
- Repetición de problemas similares.

6.
RECOMENDACIONES PARA LA TRANSICIÓN A ISO 14001:2026

La transición de la norma ISO 14001:2015 a la norma ISO 14001:2026 representa una evolución natural del sistema de gestión ambiental hacia modelos más integrados, dinámicos y alineados con la estrategia y el desempeño ambiental de las organizaciones. A lo largo de este documento, se ha evidenciado que la nueva versión no introduce una ruptura conceptual del modelo existente, sino un refuerzo y una clarificación de principios ya consolidados.

Los principales cambios se orientan a una mayor consideración de las condiciones ambientales cambiantes, al fortalecimiento de la integración del sistema con el contexto organizativo, al refuerzo del liderazgo, a la mejora de la gestión de riesgos y oportunidades ambientales y a una evaluación del desempeño más basada en datos fiables. Asimismo, se incorpora de forma explícita la planificación de los cambios dentro del sistema de gestión ambiental, reforzando su carácter preventivo y adaptativo.

Las organizaciones que ya disponen de un sistema de gestión ambiental maduro y eficaz encontrarán una transición progresiva, mientras que aquellas con enfoques más formales o documentales deberán realizar ajustes más profundos en su forma de gestionar y demostrar su desempeño ambiental.

Para abordar de forma eficaz la transición a la ISO 14001:2026, se recomienda a las organizaciones considerar las siguientes líneas de actuación:

- Realizar un análisis de brechas mediante la comparación entre el sistema actual y los nuevos requisitos.
- Revisar el análisis del contexto ambiental y de las partes interesadas, asegurando su actualización.
- Reforzar el liderazgo y la implicación de la alta dirección en el sistema de gestión ambiental.

(continuación...)

- Integrar de forma efectiva la gestión de riesgos y oportunidades ambientales en la planificación.
- Revisar los objetivos ambientales para alinearlos con la estrategia y el desempeño.
- Fortalecer la gestión de la competencia y la concienciación ambiental del personal.
- Revisar los controles operacionales y la gestión de procesos externos con impacto ambiental.
- Potenciar el uso de indicadores ambientales fiables para la toma de decisiones.
- Utilizar auditorías internas y revisiones por la dirección como herramientas reales de mejora.
- Planificar la transición de forma gradual, comunicando los cambios a todas las partes implicadas.

Se recomienda planificar la transición a la ISO 14001:2026 como un proyecto estructurado, con liderazgo claro, recursos asignados y objetivos definidos.

En este sentido, conviene:

- Abordar la transición como un proyecto estratégico, no como una actualización documental.
- Implicar activamente a la alta dirección desde las primeras fases del proceso.
- Realizar un análisis de brechas enfocado a prácticas reales de gestión ambiental.

(continuación...)

- Priorizar los cambios con mayor impacto en el desempeño ambiental del sistema.
- Integrar la gestión del cambio dentro de la planificación operativa.
- Utilizar indicadores ambientales y análisis de datos como base para la toma de decisiones.
- Reforzar la capacitación y la concienciación del personal clave.
- Aprovechar las auditorías internas y las revisiones por la dirección como palancas de mejora.
- Planificar la transición de forma progresiva, comunicando claramente los avances.
- Evaluar el sistema tras la transición para consolidar mejoras y evitar retrocesos.

Las organizaciones que aborden la transición de forma anticipada obtendrán beneficios claros más allá del cumplimiento normativo:

- Reducción de riesgos ambientales y operativos.
- Mejor alineación entre aspectos ambientales, objetivos y resultados.
- Mayor capacidad de adaptación a cambios regulatorios y del entorno.
- Sistemas de gestión ambiental más eficaces y orientados al desempeño.
- Una transición más fluida y sin tensiones cuando la norma sea publicada oficialmente.

El contenido de este documento ha sido elaborado mediante el análisis, la interpretación técnica y la reformulación de los requisitos normativos, evitando la reproducción literal de textos protegidos por derechos de autor. El enfoque adoptado garantiza la originalidad del contenido y su validez técnica para fines de implantación, transición y auditoría.

7. AUTODIAGNÓSTICO PARA LA TRANSICIÓN A LA NORMA ISO 14001:2026

El presente capítulo tiene como objetivo facilitar a las organizaciones un autodiagnóstico estructurado que permita evaluar su grado de adecuación a los principales cambios y refuerzos introducidos por la norma ISO 14001:2026. Esta lista de comprobación está diseñada como una herramienta práctica de apoyo a la transición, y no como un instrumento de auditoría formal.

Para cada elemento se recomienda valorar el grado de implantación real en la organización, identificando brechas y oportunidades de mejora. Los apartados siguientes se corresponden con los capítulos 4 a 10 de la norma.

Escala de evaluación

0 – Inexistente.
1 – Reactivo / Informal.
2 – Definido, pero inconsistente.
3 – Implementado sistemáticamente.
4 – Integrado en la gestión.
5 – Optimizado / Predictivo.

Capítulo 4. Contexto de la organización

Evaluar si existe un mecanismo formal y periódico de revisión del contexto ambiental, incluyendo la identificación de condiciones ambientales cambiantes, la evolución regulatoria y las expectativas de las partes interesadas. Verificar la integración de este análisis en la evaluación de riesgos y oportunidades ambientales y su uso como entrada directa para la planificación del sistema de gestión ambiental. Confirmar la existencia de evidencias de actualización tras eventos relevantes.

Capítulo 5. Liderazgo

Evaluar la participación activa de la alta dirección en la gestión ambiental, la integración del Sistema de Gestión Ambiental (SGA) en la estrategia organizativa, el seguimiento de indicadores de desempeño ambiental y la revisión periódica de la política ambiental. Verificar la existencia de responsabilidades claramente definidas y la asignación adecuada de recursos para la gestión ambiental.

Capítulo 6. Planificación

Analizar la integración real de riesgos y oportunidades ambientales en la planificación operativa, la revisión de aspectos ambientales ante cambios, la definición de objetivos ambientales medibles y la existencia de un proceso formal de planificación de los cambios que incluya la evaluación previa de impactos ambientales antes de su implementación.

Capítulo 7. Apoyo

Evaluar la adecuación de recursos humanos y técnicos para el SGA, la identificación de competencias ambientales críticas, la eficacia de la concienciación del personal, la fiabilidad de la comunicación ambiental y el control de la información documentada, especialmente en entornos digitalizados. Verificar la trazabilidad y la integridad de los registros ambientales.

Capítulo 8. Operación

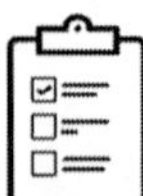

Verificar la integración del enfoque basado en riesgos en los controles operacionales, la coherencia entre aspectos ambientales significativos y controles implantados, la revisión de estos controles tras cambios operativos, la aplicación de la perspectiva de ciclo de vida cuando proceda y la preparación efectiva ante emergencias ambientales, basada en riesgos reales.

Capítulo 9. Evaluación del desempeño

Evaluar el uso de indicadores ambientales fiables, la existencia de análisis de tendencias, la evaluación sistemática del cumplimiento legal ambiental, la orientación de las auditorías internas hacia la eficacia del sistema y la revisión por la dirección, basada en datos y con enfoque prospectivo.

Capítulo 10. Mejora

Analizar si la mejora continua está alineada con el desempeño ambiental real, si se aplican análisis de causa raíz sólidos ante no conformidades ambientales, si se verifica la eficacia de las acciones correctivas y si existe un aprendizaje organizativo que permita prevenir recurrencias y mejorar el sistema de forma sostenida.